Formação de professores e Direitos Humanos:
construindo escolas promotoras da igualdade

Formação de professores e Direitos Humanos:
construindo escolas promotoras da igualdade

Keila Deslandes

autêntica

Copyright © 2015 Programa de Educação para a Diversidade – ProEx/UFOP
Copyright © 2015 Autêntica Editora

COORDENADORA DA SÉRIE
CADERNOS DA DIVERSIDADE
Keila Deslandes

CONSELHO EDITORIAL
Adriano Nascimento – UFMG
Alcilene Cavalcante de Oliveira – UFG
Carla Cabral – UFRN
Érika Lourenço – UFMG
Keila Deslandes – UFOP
Mônica Rahme – PUC Minas
Richard Miskolci – UFSCar

EDITORA RESPONSÁVEL
Rejane Dias

EDITORA ASSISTENTE
Cecília Martins

REVISÃO
Lúcia Assumpção

PROJETO GRÁFICO
Tales Leon de Marco

DIAGRAMAÇÃO
Larissa Carvalho Mazzoni

Dados Internacionais de Catalogação na Publicação (CIP)
(Câmara Brasileira do Livro, SP, Brasil)

Deslandes, Keila
  Formação de professores e Direitos Humanos : construindo escolas promotoras da igualdade / Keila Deslandes. -- 1. ed. -- Belo Horizonte: Autêntica Editora ; Ouro Preto, MG: UFOP, 2015. -- (Série Cadernos da Diversidade)

  Bibliografia
  ISBN 978-85-8217-807-2

  1. Desigualdade - Brasil 2. Direitos humanos 3. Direito à educação 4. Educação - Brasil 5. Professores - Formação I. Título. II. Série.

16-02404   CDD-370.115

Índices para catálogo sistemático:
1. Direitos humanos e educação   370.115
2. Educação e direitos humanos   370.115

GRUPO AUTÊNTICA

Belo Horizonte
Rua Carlos Turner, 420
Silveira . 31140-520
Belo Horizonte . MG
Tel.: (55 31) 3465 4500

Rio de Janeiro
Rua Debret, 23, sala 401
Centro . 20030-080
Rio de Janeiro . RJ
Tel.: (55 21) 3179 1975

São Paulo
Av. Paulista, 2.073,
Conjunto Nacional, Horsa I
23º andar . Conj. 2301 .
Cerqueira César . 01311-940
São Paulo . SP
Tel.: (55 11) 3034 4468

www.grupoautentica.com.br

Para Augusta.

Sumário

Apresentação 9

Introdução.. 13

Parte I

O conceito de gênero e sua recepção
nos meios acadêmicos brasileiros 19

Estudos *queer* e gênero no Brasil............................ 25

Parte II

Gênero, escola e políticas educacionais:
a formação de um campo (de batalha) 31

Elementos para uma história recente:
políticas públicas educacionais, gênero
e as décadas finais do século XX 33

Mas havia o cenário internacional...
E muito além do "patropi".. 39

Elementos para uma história (ainda mais) recente das políticas públicas educacionais no Brasil: a formação do campo de batalha 43

E tem mais munição... 53

Dá-lhe fogo! 59

Mas todos têm munição... 63

E logo vem o contra-ataque... 67

Mas "uma andorinha só não faz verão"... 69

Também tem munição na bancada evangélica... 71

Mas, num último suspiro de 2015... 79

É chegada a batalha final? A votação dos planos estaduais e municipais de educação 81

Concluindo: A ameaça à laicidade do Estado e o combate à "ideologia de gênero"...................... 85

Anexos 89

Referências 105

Apresentação

Esta compacta e vigorosa publicação, *Formação de professores e Direitos Humanos: construindo escolas promotoras da igualdade*, de Keila Deslandes, incide com muita propriedade no contexto brasileiro recente, marcado pela tensão e pela ameaça de valores democráticos.

O livro adquire relevância maior quando consideramos os apontamentos de autores como Richard Sennett (1999) e Boaventura de Sousa Santos (2003), que, a despeito de suas filiações teóricas específicas, chamam a atenção, desde o final do século passado, para os riscos políticos e sociais impingidos pela atual configuração do sistema capitalista.

Boaventura Santos salientou que o desmonte do Estado de Bem-Estar-Social e a privatização de determinados setores como a água acarretaria a emergência do que ele denominou fascismo social. Para o sociólogo português, não se trata de um regime político, como aquele verificado nos anos 1930 e 1940; constitui, isto sim, um regime social, em que setores mais vulneráveis da sociedade veem a sua expectativa de vida submetida à benevolência e ao direito de veto de um grupo social minoritário, que implementa a redução dos valores democráticos, trivializando-os (Souza Santos, 2003).

O juiz brasileiro Rubens Casara, por sua vez, caracterizou o fascismo como "ideologia da negação". Trata-se de uma ideologia na qual "Nega-se tudo (as diferenças, as qualidades dos opositores, as conquistas históricas, a luta de classes etc.), principalmente, o conhecimento e, em consequência, o diálogo capaz de superar a ausência de saber" (Casara, 2015, p. 12-13).

Nessa perspectiva, a filósofa Márcia Tiburi acrescenta que o fascista é incapaz de dialogar, pois não consegue relacionar-se com a dimensão do outro. "Não consegue relacionar-se com outras dimensões que ultrapassem as verdades absolutas nas quais ele firmou seu modo de ser" (TIBURI, 2015, p. 24).

É certo que, no contexto recente, o espectro de verificação do fascismo social, de práticas fascistas, não se restringe ao Brasil. Todavia, ao observarmos projetos de lei sobre os direitos sexuais e reprodutivos ou matérias mais abrangentes sobre a questão de gênero e de diversidade, em trâmite nas principais comissões da Câmara Federal, nas últimas décadas – conforme analisados por Keila Deslandes neste livro –, notamos que a referida tendência adquire relevo na vida pública do país.

Deslandes, de maneira imparcial, cartografa o campo de tensões que se estabeleceu nacionalmente ao se procurar pautar a abordagem dos temas *gênero e diversidade* nas escolas brasileiras. Para tanto, a autora recuperou, em seu texto, as análises bibliográficas sobre o conceito gênero e sua incidência nos principais documentos federais, que embasaram as políticas educacionais no Brasil, no período de 2005-2015, tais como: a Constituição da República Federativa do Brasil, de 1988 (CRFB/88); a Lei de Diretrizes e Bases da Educação (LDB), de 1996; o Plano Nacional de Educação (PNE), de 2001; os Parâmetros Curriculares Nacionais para o Ensino Fundamental (PCNs), de 1997.

Além disso, Deslandes mapeou o revide de grupos fundamentalistas religiosos atuantes no poder legislativo brasileiro, quando analisa as alterações dos PNEs (de 2010 e de 2014) relativas à temática gênero e diversidade, bem como os projetos de lei em trâmite nas casas do Legislativo, elaborados por tais grupos para impedir a abordagem de gênero nas escolas. Constituiu, assim, com sobriedade, o campo controverso quanto aos usos da categoria gênero – para empregar a expressão da filósofa Judith Butler – a partir desse *corpus* documental.

O livro convida o(a) leitor(a) a refletir sobre as políticas de formação continuada de professores em relação à temática de gênero e, por conseguinte, sobre o papel das escolas na promoção da igualdade de gênero no Brasil na última década.

Abordar os usos de gênero, especialmente nos projetos de lei que visavam impedir a política de promoção da igualdade no sistema educacional, conforme se verifica nesta publicação, implicou desvelar os embasamentos religiosos que sustentam tais proposições no âmbito do Estado brasileiro, em seus diferentes níveis. Destaca-se que em tal esfera dever-se-ia predominar o princípio da laicidade, isto é, a formulação de políticas públicas ancoradas na pluralidade de pensamento e, como tal, desvinculadas de orientações religiosas.

Desse modo, o(a) leitor(a) entra em contato, neste livro, com certos discursos de hierarquias religiosas que, colados a determinadas tradições e alheios às produções do conhecimento científico, não apenas negam a produção de conhecimento sobre a questão de gênero como continuam a insistir em certo determinismo biológico, tomado como natural, para explicar as diferenças de papéis sociais atribuídos aos homens e às mulheres.

No "campo de batalha", no qual se movimentam combatentes e promotores da igualdade de gênero – para usar a metáfora aplicada pela autora em seu texto –, faz-se necessário observar dois aspectos: (1) os(as) combatentes da igualdade de gênero tratam os(as) promotores(as), especialmente os(as) formuladores(as) do conceito e de políticas públicas educacionais sobre esse tema como sendo inimigos(as); (2) eles usam da retórica para inverter semanticamente os conceitos e, com isso, gerar confusão e negação da proposição que questionam, no caso em questão, a matéria gênero. Daí a violação ética implícita na celeuma acerca da denominação "ideologia de gênero", tão bem esquadrinhada neste livro.

Esses dois aspectos reiteram o embasamento fascista dos grupos que se opõem à igualdade de gênero nas escolas ao refutarem esse conceito. Tais agentes negam o outro, portanto, não dialogam, e procuram impor suas verdades de natureza religiosa ao conjunto da sociedade.

Acrescente-se que o *corpus* documental analisado volta-se especificamente ao aspecto frio dos conceitos, da legislação e dos embates em torno de suas proposições. Ele não permite adentrar o espaço quente das experiências dos outros, dos indivíduos, dos sujeitos que se tornam alvos de discriminações, de desigualdades de oportunidades e de violências decorrentes de uma estruturação social hierarquizada e ancorada na desigualdade de gênero, na qual a escola ocupa papel fundamental para mantê-la ou procurar transformá-la.

Entretanto, Keila Deslandes, ao manter o tom da imparcialidade, não entrou na seara da caracterização dos agentes do campo de batalha que cartografou. Ela apresenta ao leitor(a) o estado da arte da abordagem de gênero nas políticas públicas de educação no Brasil, oferecendo-lhe a possibilidade de se situar em tal campo e de chegar às suas próprias conclusões.

Alcilene Cavalcante de Oliveira
Professora Adjunta da Universidade Federal de Goiás

Introdução

Cursos de formação continuada de professoras e professores para as temáticas relativas a Direitos Humanos e cidadania têm sido implantados, com especial ênfase, no Brasil, desde meados da primeira década do século XXI. Nesse sentido, uma grande proposta foi coordenada nacionalmente pelo Centro Latino-Americano de Sexualidade e Direitos Humanos (CLAM), vinculado à Universidade do Estado do Rio de Janeiro. Foi o chamado Gênero e Diversidade na Escola (GDE[1]), um curso de aperfeiçoamento, oferecido na modalidade a semipresencial, e com carga horária de 200 horas.

A primeira oferta do curso de aperfeiçoamento GDE teve início no ano 2006, e contou com cerca de 1.200 profissionais de educação de seis municípios: Dourados (MS), Maringá (PR), Niterói e Nova Iguaçu (RJ), Porto Velho (RO) e Salvador (BA). Posteriormente, foi oferecido por meio da recém-criada Universidade Aberta do Brasil, em parceria com dezenas de universidades públicas brasileiras. A concepção do projeto é da Secretaria de Políticas para Mulheres (SPM/PR) e do British Council, em parceria com o Ministério da Educação (MEC), a Secretaria de Políticas de Promoção da Igualdade Racial (SE-PPIR/PR) e o Centro Latino-Americano em Sexualidade e Direitos Humanos (CLAM/IMS/UERJ).[2]

O curso GDE apresentava-se subdividido em três grandes eixos de discussão. O primeiro enfoca a temática de gênero – entendida como sinônimo de feminismos; o segundo enfoca a temática de orientação sexual – entendida como as questões do

---
[1] http://goo.gl/iXfp5q
[2] http://goo.gl/iXfp5q

campo LBGT; e, o terceiro enfoca as temáticas de raça-etnia, entendida como as questões relativas ao racismo. Em consonância aos Parâmetros Curriculares Nacionais (PCNs), o objetivo geral do GDE foi a formação continuada de profissionais da educação pública para aquilo que "concerne às desigualdades baseadas em gênero, orientação sexual e raça/etnia no Brasil, capacitando-os para trabalhar transversalmente sobre estas questões no cotidiano escolar".[3]

Dezenas de milhares de profissionais da Educação, incluindo professores/as, gestores e demais membros da comunidade escolar, fizeram essa formação, em todo o território nacional. Além disso, o curso GDE abriu e ampliou o campo da formação de profissionais da educação pública para as temáticas de Direitos Humanos, com novos cursos oferecidos: Educação Especial, Educação para as Relações Étnico-Raciais, Educação do Campo, Educação Escolar Indígena, Educação Quilombola, Educação em Direitos Humanos, Educação Inclusiva, Combate à Violência nas Escolas (Programa Escola que Protege), Educação Ambiental, Educação de Jovens e Adultos (EJA). Com apoio da Secretaria de Educação Continuada, Alfabetização e Diversidade (SECAD[4]) do MEC, uma ampla variedade de cursos, quase sempre oferecidos na modalidade a distância, passou a fazer parte do cotidiano de formação continuada de profissionais da educação pública brasileira.

Além disto, as universidades proponentes passaram também a produzir diversos tipos de materiais de apoio didático-pedagógico para, de maneira complementar ou exclusiva, subsidiar a oferta de cursos. Entre esses, coloca-se a própria Série Cadernos da Diversidade, publicada em parceria com a Autêntica Editora,

---

[3] http://goo.gl/uH6bCq
[4] Criada no ano 2004, na gestão do Ministro Tarso Genro, a partir da fusão das antigas Secretaria de Inclusão Educacional (Secrie) e Secretaria Extraordinária de Erradicação do Analfabetismo (Seea), todas do MEC. Foi transformada em Secretaria de Educação Continuada, Alfabetização, Diversidade e Inclusão (SECADI), no início do ano de 2011, a partir da fusão com a antiga Secretaria de Educação Especial (SEESP-MEC).

com títulos que remontam a educação inclusiva, ações afirmativas, feminismos, teoria *queer*, direitos de cidadania LGBT, metodologia de projetos de intervenção e jogos para a educação em Direitos Humanos e cidadania.

Entende-se, portanto, que há cerca de uma década, aproximadamente entre 2006 e 2015, muito se fez em relação ao tema da construção de uma escola para a igualdade no Brasil, compreendendo-se, neste sentido, entre outras ações, o histórico de formação continuada de professoras e professores da rede pública, aqui muito brevemente relatado.

Não raramente, entretanto, nos cursos de formação de professores/as em gênero e diversidade, tinha-se notícia de abandono de curso por motivação, entre outras, de cunho moral-religioso. Sendo que, na medida em que se ampliaram os impactos desta formação na sociedade brasileira, também se ampliaram as reações a este movimento, que passaram da mera indisposição de um ou outro professor quanto ao conteúdo trabalhado a efusivas manifestações de parlamentares em plenário e mesmo à elaboração de diversos projetos de lei coibindo e até buscando punição de caráter penal contra quem, na escola, se vinculasse a tais temas. Trata-se da crítica e do combate àquilo que vem sendo chamado, por setores conservadores da sociedade de "ideologia de gênero" – expressão cuja apropriação buscaremos aqui explicar –, e que vem se tornando um tema de enorme repercussão no cenário das políticas educacionais brasileiras contemporâneas.

Neste livro, buscamos contextualizar tais embates em torno da formação em gênero e diversidade na escola, entendida aqui como uma perspectiva de construção de escolas promotoras da igualdade, numa tentativa de estabelecer uma espécie de cartografia do campo de tensões relativas a tais temas. Com base em documentos, nomearemos atores, identificaremos estratégias e delimitaremos territórios nesta verdadeira batalha ideológico-conceitual que está sendo travada entre "promotores" e "combatentes" da "igualdade de gênero".

Numa primeira parte do livro, iremos discutir o que se entende por gênero, em termos teóricos e acadêmicos. Não se trata de uma proposta exaustiva, e sim de uma breve introdução ao campo conceitual dos estudos de gênero, necessária para a discussão que se pretende fazer em seguida.

Na segunda parte, buscaremos contextualizar a perspectiva dos "promotores", caracterizando aquilo que se entende pela construção de uma escola da igualdade de gênero no Brasil atual. E, nesse sentido, apresentaremos e discutiremos algumas propostas que inserem essa temática, ainda que de forma tímida, nas políticas públicas educacionais, reconhecendo a sua importância para a redução das desigualdades sociais e de desempenho escolar. Paralelamente, buscaremos contrapor as forças políticas dos "combatentes", que hoje, grosso modo, se baseiam na crítica à chamada "ideologia de gênero" nas escolas brasileiras.

> Finalmente, numa terceira parte, buscaremos avaliar o resultado deste jogo de forças políticas, numa tentativa de responder à seguinte pergunta: *afinal, após uma década de políticas de formação continuada de professores para as temáticas de gênero, estamos mais próximos de uma escola promotora da igualdade de gênero, no Brasil?* A resposta a essa pergunta se apresenta, certamente, em aberto. Se não tem a pretensão de oferecer uma previsão do resultado deste acirrado jogo de forças, ao menos pretende se configurar como um mapeamento estratégico do uso do termo "igualdade de gênero" nos discursos das políticas educacionais brasileiras contemporâneas.

Parte I

O conceito de gênero e sua recepção nos meios acadêmicos brasileiros

Certamente, qualquer debate sobre as origens do conceito de gênero fará alguma referência à frase provocadora de Simone de Beauvoir sobre o devir feminino: "ninguém nasce mulher, torna-se". Frase de 1949,[5] considerada inaugural daquilo que se chama de a "segunda onda" do movimento feminista, a qual é marcada não apenas pela aquisição de direitos – tais como o de votar que caracterizou a "primeira onda" feminista –, mas por uma verdadeira revolução nos modos de pensar a mulher como uma construção ou sujeito da cultura.

Filósofa francesa,[6] Beauvoir defende na obra *O Segundo Sexo*, a tese de que a desigualdade entre homens e mulheres, marcada pela posição secundária dessas em relação àqueles, seria uma formação ideológica, historicamente construída. Para ela, corrobora nesse sentido a produção paradigmática, na cultura, do mito do "eterno feminino", que deifica a mulher e, na prática, impossibilita a sua existência como um ser real. E, ainda, corrobora na formação ideológica da submissão feminina, o processo educacional, que relega a mulher a uma postura passiva, alienada e inferior em relação ao homem.

Mesmo assim, numa perspectiva existencialista típica de sua época e que marca a sua filosofia, Beauvoir reitera a liberdade dos seres como premissa ontológica e a possibilidade de ultrapassar esta condição de desigualdade, por meio da razão.

---

[5] BEAUVOIR, 1967.
[6] De fácil acesso, o documentário *Simone de Beauvoir: une femme actuelle,* de 2007, relata importantes passagens da vida dessa filósofa e, ainda, traz uma boa síntese dos fundamentos de sua obra. Disponível em: <http://goo.gl/uH6bCq>. Acesso em: 22 fev. 2016.

E, nesse sentido, ela se assemelha ao pensamento sartreano, com quem ela comunga ideias e vivências. Dirá Sartre: "Não importa o que fizeram do homem, mas o que o homem faz com o que fizeram dele". Ao que Beauvoir, com seu olhar feminista, acrescentará: biologia não é destino, cabe à mulher tornar-se mulher e, portanto, cabe a ela escolher o próprio destino. A ideia de que não se nasce, mas, "torna-se mulher", vem contrapor o determinismo anátomo-fisiológico à perspectiva ontológica da liberdade do ser, pelo viés construcionista da cultura. Corresponde, então, ao processo de responsabilização pelo devir feminino a ser assumido pelas próprias mulheres, por meio do reconhecimento e da ruptura dos determinismos de submissão, objetivando, por conseguinte, a produção da igualdade entre os sexos.

Assim, mais que uma mera constatação da condição de inferioridade da mulher na sociedade, a tese de Beauvoir – que tem como horizonte a emancipação feminina – faz críticas objetivas a instituições como o casamento, que escravizaria a mulher em face do marido, além de propor alternativas de libertação, tais como a independência financeira e o controle sobre a fecundidade, pela adoção de práticas contraceptivas.

Beauvoir recebeu diversas críticas, entre outras, por pensar e falar a partir de seu próprio lugar de mulher "universal": branca, de classe média e de *ethos* heterossexual.[7] Mas, necessariamente, trouxe uma contribuição relevante para o avanço dos debates sobre o feminismo, que até hoje pode ser considerada provocadora – prova disso foram as reações acaloradas contra a menção de sua obra na prova do ENEM, em outubro de 2015.[8] Em especial, Simone de Beauvoir problematizou a educação

---

[7] A ideia de *ethos* heterossexual se coloca a despeito de ser sabido que ela mantinha relacionamentos ocasionais com mulheres. Mesmo assim, a referência de relacionamento que se teve de Simone de Beauvoir nos meios acadêmicos e sociais foi sempre de viés heterossexual, com o seu grande parceiro de vida e pensamento, Jean-Paul Sartre.

[8] No ENEM de outubro de 2015, uma das questões de múltipla escolha do eixo de humanidades pedia que se contextualizasse a frase "não se nasce mulher, torna-se". Como veremos no decorrer desta obra, tal frase, totalmente descontextualizada de sua matriz de produção intelectual e inserida no bojo das acaloradas discussões con-

como definidora de papéis sexuais e da hierarquia entre os sexos. E, apesar de usar o termo "sexo" em seus escritos, podemos entender que Beauvoir forneceu o arcabouço teórico para a conceituação do termo "gênero", tal como hoje se entende. Ou seja, como a construção cultural da sexualidade: aquilo que o ser humano se torna e que não guarda um vínculo necessário, e, sim, arbitrário, com os determinantes anátomo-biológicos do mero nascimento.

Para Heilborn ML e Sorj B[9] (1999), o desenvolvimento do conceito de gênero na academia brasileira se baseou, durante certo tempo, na terminologia francesa "relações sociais de sexo" – que guarda inequívoca ascendência com os estudos marxistas, dada a sua vinculação ao conceito de "relações sociais de produção". Mas, aos poucos, o conceito de gênero, com clara pertinência às tradições anglo-saxãs, foi se consagrando no Brasil, até se tornar hegemônico.

A institucionalização do campo de estudos de mulheres, feminismos e gênero na academia brasileira perpassou um caminho diferente daquele do contexto estadunidense, onde se destaca que os estudos feministas se iniciaram juntamente com os estudos raciais na década de 1970 e como uma forma de crítica ao modelo despolitizado das ciências sociais. Nos Estados Unidos, os estudos de gênero se pautaram no modelo funcionalista do estudo de papéis sociais. Já no Brasil, o viés feminista seria bem menos radical e, na verdade, de orientação moderada, buscando mais uma integração com a comunidade científica do que a criação de espaços alternativos na academia.

Assim, continuam Heilborn e Sorj, na década de 1970 surge no Brasil uma área relativamente bem definida de estudos sobre a mulher, mais ou menos bem delimitada em torno dos temas da subordinação/opressão/exploração feminina. A partir de

---

trárias à "ideologia de gênero" e para aprovação dos planos municipais e estaduais de educação, gerou um enorme debate e Beauvoir chegou a receber uma "moção de repúdio" da Câmara Municipal de Campinas, entre outras manifestações contrárias, em especial por parte de representantes dos poderes legislativos.

[9] HEILBORN; SORJ (1999).

meados da década de 1980, no entanto, se iniciaria uma lenta e gradativa inserção do termo "gênero" em substituição ao uso do termo "mulher". Ou seja, a substituição de um termo de natureza empírica descritiva (mulher) por um termo de natureza analítica[10] (gênero). Enfatizam-se, portanto, os aspectos culturais em detrimento daqueles de ordem meramente anatômica-biológica. E, apesar da dívida em relação às perspectivas teóricas do funcionalismo – donde os estudos críticos de papéis sociais –, e às perspectivas do marxismo, donde a crítica à submissão da mulher, a real hegemonia da categoria "gênero" na academia brasileira só se deu pela ampliação de seu uso nas disciplinas e pesquisas da área da Antropologia.

Para além de outros ganhos, a substituição dos termos "mulher" por "gênero" resultou numa relativa despolitização da problemática, isto é, uma diminuição da polarização feminino-masculino, que gerava alguns preconceitos. Os estudos de gênero passaram então a ser apoiados fortemente por organismos internacionais, tais como a Fundação Ford.[11] Também duas revistas científicas se destacaram na divulgação dos trabalhos desenvolvidos nesta nova área de conhecimento, a saber, a Revista de Estudos Feministas e o Cadernos Pagu.

Mesmo assim, os estudos de gênero no Brasil foram inicialmente marcados pelo escopo de uma certa marginalidade na vida acadêmica e universitária. Os temas mais enfocados tendiam a ser desenvolvidos por mulheres e a abordar assuntos tidos como "femininos", como a família, os papéis sexuais, a

---

[10] A noção de gênero como categoria analítica é introduzido nas ciências sociais pela feminista estadunidense Joan Scott, no artigo "Gênero, uma categoria útil de análise histórica: para além da classificação", traduzido para o português em 1991, onde se busca superar a dimensão determinista do sexo biológico e analisar a dinâmica da construção das relações de poder fundadas nas diferenças entre os sexos.

[11] A Fundação Ford apoiou no Brasil, em especial, a Fundação Carlos Chagas, resultando na criação, em 1971, do Departamento de Pesquisas Educacionais, que, sob a direção da psicóloga Carmen Barroso, concentrou um grande número de pesquisas sobre a situação da mulher. E, em 1978, o lançamento do Programa de Dotações para Pesquisa sobre Mulheres e Relações de Gênero. O Programa Gênero e Educação, da Fundação Carlos Chagas, foi a segunda maior instituição donatária da Fundação Ford, entre 1962-1992.

divisão do trabalho e a organização do cotidiano doméstico. Mas, concluem Heilborn e Sorj (1999), a qualidade heurística do conceito de gênero facultou uma constante interlocução com o conjunto da teoria social. E, assim, o desenvolvimento do conceito de gênero no campo das ciências sociais rendeu, em especial, significativas contribuições para as seguintes áreas: i) gênero e trabalho, cujas bases foram influenciadas pela teoria marxista, buscando explicar o fenômeno de inclusão-exclusão das mulheres do mercado de trabalho e, posteriormente, o sistema simbólico que organiza as relações de poder e reitera a dominação masculina, mantendo as mulheres em posições subalternas e de menos-valia; ii) a violência como área de investigação, o que explica a temática da violência doméstica ou conjugal ter sido um grande tema catalisador da identidade do movimento feminista nacional; iii) a área temática da sexualidade, que enfocou sobretudo a alteração do papel da mulher no contexto da organização familiar de tipo patriarcal. Posteriormente, em meados dos anos 1980 – em parte, por influência do grande *boom* de pesquisas relativas à síndrome do HIV e AIDS –, ocorre o desenvolvimento dos estudos sobre os comportamentos desviantes: a prostituição e a homossexualidade.

Mariza Correa (2001) acrescenta a estas reflexões sobre a substituição do recorte empírico mulher para o conceito de gênero no cenário nacional, a perspectiva da articulação entre o feminismo acadêmico e os movimentos sociais. Primeiramente, as tensões existentes entre as temáticas do aborto do movimento feminista, em face da participação – nesse sentido, repressora – das militantes das comunidades pastorais de base. E ainda o diálogo que se estabeleceu entre as feministas e os movimentos homossexuais – a despeito das reticências provenientes, sobretudo, dos militantes comunistas –, e da consequente complexificação da visão binária que se tinha do debate sobre a emancipação feminina *versus* a dominação masculina.

Estudos *queer* e gênero no Brasil

A recepção do conceito de gênero no cenário nacional e o conseguinte desenvolvimento de seu campo de estudos foi também influenciado pela entrada dos estudos *queer*, originários do início da década de 1990 nos Estados Unidos. *Queer* é uma palavra de língua inglesa, de conotação extremamente pejorativa. Sem tradução literal para o português, seria algo que aqui se expressa como "bicha louca", "viadinho" ou "fanchona", "sapatona caminhoneira". Para historicizar a emergência das teorias *queer*, Fernando Benetti (2013) faz uma releitura dos seus pressupostos, para, com base nos textos de Thomas Laqueur,[12] demonstrar que, até por volta do ano 1800, vigiam no mundo ocidental as proposições de Galeno, médico e filósofo romano do século II d.C., segundo as quais somente se supunha a existência do modelo de identidade do sexo masculino. A representação mental que se tinha da identidade sexual feminina, nesse cenário, correspondia ao modelo de imperfeição ou mera má-formação em relação ao corpo masculino. Ou seja, a própria categoria sexo não seria imutável, a problemática da diferenciação sexual não seria dada pela natureza e a própria ideia do binarismo sexual somente surgiria a partir de 1800, com a emergência do modelo burguês, donde as suas consequências em relação à hegemonia de um certo padrão de comportamento – o masculino, heterossexual –, sobrepor-se a todos os demais, que, com base em discursos moralistas oriundos da religião e da ciência, passaram a ser considerados como *abomináveis*.

---

[12] LAQUEUR, 2001.

A partir dos discursos moralistas e médicos, que examinam, criam e recriam verdades, por aparentes provas concretas determinadas pessoas são relegadas ao limbo da condição humana. Todxs aquelxs que não são homens, brancos e heterossexuais são classificadxs e silenciadxs.[13] (BENETTI, 2013, p. 14).

O século XVIII consolidaria uma determinada ideia de normalidade, aliada ao modelo da família mononuclear burguesa. E, com base nesta crítica à construção histórica de uma hegemonia binária excludente e silenciadora de outras manifestações da sexualidade humana, os estudos *queer* possibilitariam a emergência de uma infinidade discursiva constitutiva dos sujeitos sexuados, que esbarra nos limites da nomeação. Pois, "ao nomearmos, estamos limitando, e ao fazer este movimento, acaba-se por excluir possibilidades que estão além do nominável. [...] Somos múltiplas significações" (BENETTI, 2013, p. 9).

Esta concepção teórica pós-identitária – não necessariamente inclusiva, posto ser a inclusão um conceito em si mesmo criticado pelos teóricos *queer*, uma vez que é necessariamente definido a partir dos limites da exclusão – seria considerada subversiva por ultrapassar limites e conformações preestabelecidas, possibilitando a desconstrução de binarismos culturalmente construídos, que fundamentariam a lógica social hegemônica. E, assim, facultando a emergência de *culturas subalternas*, com seus valores e saberes próprios.

Os estudos *queer* têm, portanto, um vínculo forte com a descentralização da heterossexualidade e a despatologização das sexualidades, trazendo para o campo dos estudos de gênero necessariamente as perspectivas do movimento LGBT (com suas múltiplas novas possibilidades LGBTTTIQA-H[14]... na chamada

---

[13] Os teóricos *queer* usam frequentemente este modelo de grafia, na qual o "x" se coloca como uma alternativa não binária aos plurais envolvendo a ampla gama de identidades (ou pós-identidades) sexuais.

[14] Sigla que tenta abarcar as múltiplas possibilidades (e talvez sempre em aberto), das orientações sexuais: Lésbicas, Gays, Bissexuais, Transexuais, Transgêneros, Travestis, Intersex, *Queers*, Assexuados e Heterossexuais.

"sopa de letrinhas"[15]) e as temáticas da orientação sexual. Mesmo assim, os estudos *queer* guardam enormes reservas em relação a pautas históricas do chamado "movimento gay", por exemplo, naquilo que concerne à perspectiva de normatização posta pela demanda de reconhecimento dos casamentos igualitários (entre pessoas do mesmo sexo).[16]

Benetti destaca ainda que os estudos *queer* não se confundem com os estudos gays e lésbicos, mas pretendem se constituir como uma reflexão acadêmica e teórica, de matriz sociológica, sobre os limites da abjeção instaurados pelas normas sociais e seus conseguintes silenciamentos que constroem subalternidades humilhadas e desprezadas.

Assim, ainda que inserindo temáticas do campo LGBT nas questões de gênero, os estudos *queer* têm um viés sobretudo acadêmico, de crítica e questionamento de conceitos historicamente construídos tais como heteronormatividade, heterossexualidade compulsória, performatividade de gênero e a própria territorialidade da abjeção. Daí se explica a teoria *queer* despolitizar, talvez, algumas demandas de inserção numa ordem social à qual se pretende criticar, superar – e não aderir ou se "incluir".

A proposta de uma "pedagogia *queer*", portanto, se é que ela existe, não se alinha, definitivamente, com a proposta de uma "escola inclusiva", bastante enfocada sobretudo no contexto da inserção das "deficiências" na escola pública.

---

[15] Termo cunhado por Facchini (2015).
[16] Ora, diz Miskolci (2007), esta pauta do movimento gay reiteraria o reducionismo de práticas sexuais tidas como legítimas e aceitáveis, consagrando o casamento como o único meio para se atingir tal *status*. "A luta pela parceria civil fez com que gays e lésbicas apelassem ao Estado em busca da proteção que ele nega ou que só concederá através de um enquadramento significativo desses grupos. A relação com o Estado ameaça esvaziar o potencial de crítica da ordem social que caracterizava segmentos do movimento gay e lésbico, pois a redução da luta política ao léxico socialmente oferecido torna seus componentes reféns de formas coletivamente prescritas de comportamento. O reconhecimento legal das vidas sexuais de casais formados por pessoas do mesmo sexo torna *respeitáveis* somente aqueles que se igualam ao modelo heterossexual monogâmico estável. A institucionalização se dá sob a perspectiva de uma norma legal constituída sob a perspectiva heterossexual (mesmo não expressa) de forma a respeitar relações *dignas*" (cf. MISKOLCI, 2007).

Ainda, posto que "pós-identitária", a teoria *queer* traz consigo a perspectiva de uma "pulverização"[17] das identidades sociais, tornadas um movimento constante de construção histórica e pessoal dos sujeitos e, novamente, tendendo a um esvaziamento das demandas objetivas de movimentos sociais, em face de políticas públicas.

Os estudos *queer* vêm, portanto, influenciar o campo de estudos de gênero no Brasil, e têm impacto sobre a reflexões acadêmicas sobre a educação e a realidade escolar. Richard Miskolci (2014) reconhece que o marco inaugural da recepção das teorias *queer* no Brasil se dá pela publicação do artigo de Guacira Lopes Louro, intitulado "Teoria *Queer*: uma política pós-identitária para a educação", na Revista Estudos Feministas.[18]

Louro (2001), buscando uma resposta para a pergunta sobre o que a teoria *queer* tem a dizer para o campo da educação, discute que a maior visibilidade das "minorias" sexuais resulta em algo que se, por um lado, suscita uma maior aceitação da diversidade de comportamentos, por outro, recrudesce os setores tradicionais que se instrumentalizam com novos e sofisticados argumentos.

Nesse contexto, a escola, os currículos e os educadores, com sua vocação normalizadora, se desestabilizariam e se sentiriam ameaçados e sem respostas. E a teoria *queer*, com sua perspectiva não propositiva, mas, sobretudo, questionadora, viria perturbar as formas convencionais de pensar e conhecer. E, talvez, introduzir uma "pedagogia subversiva e transformadora", que escaparia de enquadramentos, mas que, sobretudo, levaria a pensar.

> Uma tal pedagogia sugere o questionamento, a desnaturalização e a incerteza como estratégias férteis e criativas para pensar qualquer dimensão da existência. A dúvida deixa de ser desconfortável e nociva para se tornar estimulante e produtiva. As questões insolúveis não cessam as discussões, mas, em vez disso, sugerem a busca de outras perspectivas, incitam a formulação de outras perguntas, provocam o posicionamento a partir de outro lugar (LOURO, 2001).

---

[17] Heilborn e Sorj (1999) falam das dificuldades do uso do conceito de gênero e seu "esfacelamento" teórico-conceitual, numa crítica talvez semelhante à da "pulverização". Os projetos de lei contrários à adoção da "ideologia de gênero" nas políticas educacionais brasileiras irão falar de uma pulverização da família e do estabelecimento de um caos onde os indivíduos seriam facilmente manipuláveis, posto que sem identidades.

[18] LOURO, 2001.

Parte II

Gênero, escola e políticas educacionais: a formação de um campo (de batalha)

Até aqui, apresentamos e discutimos as vicissitudes teórico-acadêmico-conceituais da formação do campo dos estudos de gênero e seus impactos no questionamento de assimetrias sociais e, neste sentido, na promoção da igualdade de gênero.

A partir de agora, iremos descerrar a cortina que encobre os discursos e as práticas relativos à efetiva inserção deste tema na sociedade e, em especial, nas políticas educacionais brasileiras contemporâneas.

Nesse sentido, buscaremos identificar forças políticas favoráveis e propositivas, bem como outras, contrárias e reacionárias, em relação ao tema da igualdade de gênero. E, assim, entender também o que o termo "gênero" se tornou na prática das propostas e das críticas que se fazem a ele ou com base nele, na perspectiva de uma certa "teoria da recepção" desse conceito no contexto político brasileiro atual. Tarefa difícil, pois exige de nós um distanciamento que, de fato, não temos.

Como objetivo final destas reflexões, buscaremos esboçar uma cartografia estratégica, capaz de – senão de indicar vitoriosos –, ao menos identificar as forças que se contrapõem na formação discursiva do campo (de batalhas) em torno do conceito de gênero, presente nas políticas educacionais e na escola brasileira atual.

Elementos para uma história recente: políticas públicas educacionais, gênero e as décadas finais do século XX[19]

Num artigo de 2004[20] sobre o gênero nas políticas públicas de educação no Brasil entre 1988 e 2002, Vianna e Unbehaum buscam analisar a incorporação da dimensão de gênero nas políticas públicas de educação, e, assim:

> Identificar o contexto nacional que colaborou para a introdução do gênero nas legislações e reformas federais concernentes à educação e verificar quais os avanços e desafios destas políticas públicas educacionais com vistas ao campo que elas vêm definindo, o da ampliação dos direitos, tendo a educação escolar como uma importante dimensão da construção da cidadania (VIANNA; UNBEHAUM, 2004).

Tendo, portanto, como foco temporal de análise as duas últimas décadas do século XX, as autoras se ocupam da inserção da perspectiva de gênero em quatro documentos federais que fundamentam as principais políticas educacionais no Brasil, quais sejam: i) a Constituição da República Federativa do Brasil, de 1988 (CRFB/88); ii) a Lei de Diretrizes e Bases da Educação (LDB), de 1996; iii) o Plano Nacional de Educação (PNE), de 2001; iv) os Parâmetros Curriculares Nacionais para o Ensino Fundamental (PCNs), de 1997.

---

[19] A análise de "antecedentes" que aqui fazemos se baseia numa revisão do tema que vem sendo feita há alguns anos, por Cláudia Vianna e seus colegas de pesquisa, a qual será complementada por nossos próprios apontamentos e observações. Portanto, a redação desse histórico recente é, em parte, extraída e parafraseada, sendo que, quando for o caso, citaremos literalmente os autores, com as devidas referências aspeadas.
[20] VIANNA; UNBEHAUM, 2004.

Assim, em primeiro lugar, temos a promulgação, em 1988, da chamada de "Constituição cidadã", um verdadeiro divisor de águas no processo de refundação da cidadania na recém-reinaugurada democracia do Estado brasileiro.

O texto original da CRFB/88, no entanto, não faz qualquer menção ao termo "gênero", ainda bastante desconhecido nos meios políticos brasileiros durante o processo constituinte. Mas, dada a participação, entre os poderes constituintes, do movimento organizado de mulheres – em especial, do Conselho Nacional de Direitos da Mulher (CNDM) –, várias pautas feministas foram efetivamente positivadas no texto legal. Entre elas, a questão da igualdade de direitos da mulher (pela redação do famoso Art. 5º, I, "homens e mulheres são iguais em direitos e obrigações"), a proteção da mulher no mercado de trabalho (Art. 7º, XX, "proteção do mercado de trabalho da mulher, mediante incentivos específicos, nos termos da lei"), a licença à gestante (Art. 7º, XVIII e Art. 39, § 5º), a proibição da dispensa sem justa causa de gestantes (Art. 10, II, b, ADCT), a assistência gratuita às crianças em creches e pré-escolas até a idade de 5 anos (Art. 7º, XXV) e a garantia da educação infantil em creches e pré-escolas, como dever do Estado (Art. 208, IV). E, ainda, no objetivo fundamental da República de "promover o bem de todos, sem preconceitos de origem, raça, sexo,[21] cor, idade e quaisquer outras formas de discriminação" (Art. 3º, IV).

O texto constitucional de 1988 trata, portanto, a temática do gênero pela ótica do empoderamento de mulheres em face dos princípios normativos fundamentais do ordenamento jurídico e resguarda a categoria analítica das relações hierárquicas vinculadas ao binômio "sexo-poder" na sociedade. E, num

---

[21] Daí a perspectiva de se ampliar o entendimento do texto constitucional para o que, hoje, se entenderia como a questão da orientação de gênero. Inclusive, naquilo que concerne ao julgamento no STF, em 2011, da ADPF n. 132 e da ADIN n. 4.277, favorável por unanimidade à ampliação da proteção do Estado ao reconhecimento da união estável e da entidade familiar "entre homem e mulher" a pessoas do mesmo sexo (cf. Art. 226 e seus incisos).

viés não explicitado do conceito de gênero, busca garantir que sejam implementados princípios de igualdade entre mulheres e homens e afirmar leis protetivas e antidiscriminatórias para mulheres, principalmente em face do mercado de trabalho. E, no que diz respeito especificamente às políticas públicas educacionais, o texto constitucional tangencia as temáticas feministas, sendo que a sua maior expressão talvez se encontre nas garantias a creches gratuitas e à educação infantil, como princípios facilitadores da inserção da mulher no mercado de trabalho.

Naquilo que diz respeito ao segundo documento analisado, a LDB de 1996, tramitou no Congresso nacional desde a promulgação da CRFB/88 e ao longo de oito anos, sendo que, ao fim e ao cabo dos debates, "sofreu intervenção do governo federal, sob coordenação do Ministério da Educação, em favor de um projeto substitutivo elaborado pelo então senador Darcy Ribeiro" (cf. Vianna; Unbehaum, 2004, p. 84). Ou seja, a LDB aprovada não se constituiu como uma expressão autêntica dos movimentos em defesa da escola pública, mas, mesmo assim, mantém avanços em relação às pautas feministas afirmadas na Constituição, sendo o direito à educação infantil um exemplo importante.

Outrossim, o texto da LDB 1996 é bastante tímido ao discutir princípios de igualdade e "apreço à tolerância". Essa menção é bastante genérica a um tema caro aos Direitos Humanos, e cuja abordagem se faz a partir de uma lógica de reiteração das hierarquias de poder na sociedade: a valorização da generosa tolerância dos "iguais" em relação às desigualdades, que se perpetuam.

Por sua vez, o terceiro documento analisado, o PNE 2001, que foi sancionado pelo então Presidente da República, Fernando Henrique Cardoso, com nove vetos, sendo que os principais incidem exatamente sobre questões d e financiamento da educação pública. Mas "as demandas relativas à supressão das desigualdades de gênero também não ficaram imunes" (cf. Vianna; Unbehaum, 2004, p. 87), não constando qualquer menção às relações de gênero entre os seus "objetivos e prioridades".

> **Curiosidade**
>
> As origens do Plano Nacional de Educação remontam a propostas que cresceram no movimento da Educação Nova, no ano 1932, quando se lançou o famoso "Manifesto dos Pioneiros da Educação", onde se fazia um diagnóstico de que a educação brasileira seria fragmentada, desarticulada e descontínua.  Com base em tais críticas e sob a batuta de Anísio Teixeira e Fernando Azevedo, dois destacados nomes deste movimento, a Constituição de 1934 estabeleceu que seria da União a competência para estabelecer um Plano Nacional de Educação, a ser elaborado pelo Conselho Nacional de Educação e a ser aprovado pelo Legislativo. O primeiro projeto de PNE foi elaborado em 1937 e previa que só poderia ser alterado num prazo de dez anos; mas, devido ao golpe de Estado que dissolveu o Congresso naquele ano, a sua aprovação, que tramitava na Câmara dos Deputados, foi abortada. Somente em 1962 foi efetivamente aprovado o primeiro PNE, mesmo assim como uma iniciativa do Ministério da Educação e Cultura e não sob forma de lei. Como lei, só se aprovou um PNE no ano 2001 (PNE 2001-2010; Lei Ordinária 10.172/2001), anteriormente apresentado como o PL 4.155/1998, proposto pelo deputado federal Ivan Valente (então filiado ao Partido dos Trabalhadores).[22]

Mesmo assim, no que diz respeito ao conceito de gênero, considera-se a redação do texto do PNE 2001 um avanço em relação aos textos federais anteriores. Nesse sentido, implica destacar que alguns itens do PNE 2001 introduzem objetivamente a noção de gênero, ainda que numa perspectiva bastante vinculada à ideia de empoderamento das mulheres. Por exemplo, a "adequada abordagem das questões de gênero e etnia e a eliminação de textos discriminatórios ou que reproduzam

---

[22] http://goo.gl/c6KxQO

estereótipos acerca do papel da mulher, do negro e do índio", no item dos "Objetivos e metas para o ensino fundamental". Também, a preocupação com as "questões de gênero" nas "Diretrizes para o ensino superior", levando à inclusão de temáticas transversais nos cursos de formação de docentes com vistas à abordagem de "gênero, educação sexual, ética (justiça, diálogo, respeito mútuo, solidariedade e tolerância), pluralidade cultural, meio ambiente, saúde e temas locais". E, ainda, o item "Financiamento e orçamento para o ensino superior", donde a necessidade de coleta de informações, no Exame Nacional de Cursos, de informações relevantes para a formulação de políticas de gênero, tais como o abandono de cursos superiores por mulheres, motivado por gravidez e/ou relativo à guarda e educação da prole.

Finalmente, os PCNs de 1997[23] se configurariam como o documento que mais objetivamente evidencia as questões de gênero nos conteúdos escolares. De acordo com a leitura de Vianna e Unbehaum (2004), "[...] os PCNs realçam as relações de gênero, reconhecendo-as como fundamentais para a constituição da identidade de crianças e jovens." E, ainda, de acordo com Vianna (2012):

> No âmbito da produção acadêmica sobre a introdução do gênero e da sexualidade nas políticas educacionais, há um grupo expressivo de dissertações de mestrado voltadas especificamente para o exame dos PCNs, que destaca seu ineditismo, considerado como um avanço no que diz respeito à "oficialização" do tema da sexualidade e do gênero no currículo e nas escolas (VIANNA, 2012).

O texto dos PCNs evidencia a proposta de desenvolver, nos alunos e alunas, capacidades para o exercício da cidadania, a qual é entendida como um eixo articulador da educação escolar. A questão específica da temática de gênero ainda é entendida pelo viés binário do empoderamento do sexo feminino, em face ao masculino. Por exemplo, nos chamados "temas transversais",

---

[23] Observa-se aqui que a análise dos documentos se faz num gradiente de afirmação das temáticas de gênero nas políticas públicas federais, sem um compromisso necessário com a linearidade cronológica dos mesmos.

que devem perpassar todo o processo curricular nas diferentes disciplinas pedagógicas. Nesse sentido, o conteúdo do "respeito mútuo", que considera a importância do respeito às diferenças existentes entre as pessoas, independentemente de, entre outros fatores, seu sexo. Ainda, a perspectiva do debate sobre as "relações de gênero", abordando o questionamento sobre a rigidez de papéis sociais vinculados ao sexo e sobre a injustiça histórica da desigualdade entre mulheres e homens. E, ainda, o tema da "orientação sexual", muito enfocado nos PCNs e que se articula à promoção da saúde pública, tratando da prevenção de doenças sexualmente transmissíveis, do HIV-AIDS, bem como das temáticas da gravidez na adolescência e do abuso sexual.

Podemos, então, concluir que até o início do século XXI, a temática de gênero encontrava eco nas políticas educacionais brasileiras quando se vinculava a propostas de emancipação ou empoderamento feminino. Daí se explica a construção da igualdade de gênero estar até então vinculada a pautas históricas do movimento feminista, que, como vimos, referiam-se à, entre outras, afirmação da igualdade formal de direitos e deveres para homens e mulheres no texto constitucional, à gratuidade de creches e à responsabilização do Estado pela educação infantil, à inserção de temáticas que questionam a rigidez dos papéis sociais nos currículos escolares e ao desenvolvimento de políticas públicas protetivas em relação ao mercado de trabalho. São pautas que, sempre partindo do eixo mulheres, podiam se entrecruzar a outras, tais como raça (mulheres negras), etnia (mulheres indígenas), origem (mulheres rurais ou do campo), inserção no trabalho (movimento das domésticas), a segmentaridade do que hoje se entende por "orientação sexual" (mulheres lésbicas), etc. Mas sempre destacando o suporte fundamental da categoria descritiva do sexo anatômico – o feminino –, para a construção da categoria analítica do gênero.

O conceito de gênero nas políticas públicas educacionais brasileiras até o início do século XXI se restringiu objetivamente, portanto, ao tema da emancipação e empoderamento da mulher, com seus múltiplos vieses de inserção feminina em face da sociedade patriarcal e da dominação masculina.

Mas havia o cenário internacional... E muito além do "patropi"...

Várias conferências internacionais, acontecidas nos anos 1990, tinham como tema a diversidade sexual. Houve ainda o grande *boom*, de meados dos anos 1980, de financiamentos de pesquisas e da implementação de políticas públicas relacionadas à temática do HIV-AIDS no mundo. Nesse cenário, na academia havia o diálogo das intelectuais feministas e dos estudos *queer*, facultando a articulação das reflexões críticas sobre o modelo binário de gênero. E, na perspectiva dos movimentos sociais, havia a articulação com o movimento homossexual, notadamente o movimento gay, que veio a compor a articulação das temáticas de gênero e diversidade sexual nas políticas públicas com enfoque na área de saúde.

> Ainda em 1994, organismos oficiais, como o Ministério da Educação e o Ministério da Saúde, passaram a estimular projetos de educação sexual. Foram, então, publicadas as Diretrizes para uma Política Educacional em Sexualidade, apoiadas nas recomendações da UNESCO e da Organização Mundial da Saúde (OMS). As Diretrizes versavam a respeito de estratégias para "identificar organismos não governamentais, nacionais ou internacionais" e para "combinar recursos materiais e/ ou humanos, sem interesses ligados a ideologias particulares, religiosas, políticas ou econômicas", sob "responsabilidade técnico-pedagógica" e coordenação do MEC (BRASIL, 1994, p. 34). Com uma abordagem centrada na regulação das práticas sociais, orientada por critérios do sexo seguro, uma das recomendações constantes no documento referia-se à inclusão da prática da Educação Preventiva Integral (EPI) nos conteúdos e atividades curriculares da educação infantil, do ensino fundamental e do ensino médio (VIANNA, 2015, p. 8).

Assim, conclui Cláudia Vianna, entre meados dos anos 1990 e início do ano 2000, as políticas públicas de educação passaram a ser mais sensíveis ao tema da diversidade sexual, daí a formulação de um discurso voltado para a inclusão social, presente nos dois mandatos do governo Lula (2003-2006; 2007-2010). Esse fato levou à implantação, no ano 2004, de uma secretaria vocacionada para tais temáticas, no âmbito do MEC e com base na exigência do movimento LGBT por políticas públicas: a SECAD, transformada em 2011 em SECADI (a letra I refere-se à Inclusão, tendo em vista a incorporação da antiga Secretaria de Educação Especial).

A SECAD (depois SECADI) foi diretamente responsável por dezenas – talvez centenas –, de cursos de formação continuada de profissionais da educação para as temáticas da diversidade, difundidos por todo o território nacional. Oferecidos inicialmente na modalidade semipresencial e, posteriormente, na modalidade a distância, pelo sistema UAB-CAPES, também vinculado ao MEC, a grande variedade de ementas e objetos de tais cursos foi resumidamente mencionada no início desta obra.

A SECAD,[24] articulando os discursos dos movimentos feministas e da diversidade sexual, foi também responsável pela organização, em 2004, do primeiro Plano Nacional de Políticas para as Mulheres (PNPM) e pela criação, nesse mesmo ano, do Programa Brasil sem Homofobia – Programa de Combate à Violência e à Discriminação Contra GLBT e de Promoção da Cidadania Homossexual (BSH), no combate à homofobia, afirmação da cidadania homossexual e combate às diversas manifestações de violência física, verbal e simbólica contra os homossexuais.

---

[24] Outras secretarias, que chegaram a adquirir status de Ministérios no final do segundo mandato Lula (Secretaria de Políticas para as Mulheres – SPM; Secretaria Especial de Promoção da Igualdade Racial – SEPPIR; e Secretaria de Direitos Humanos – SDH) foram fundamentais nesse contexto de elaboração e implementação de políticas de promoção da igualdade de gênero. No entanto, dada a abrangência e o foco desta obra estar nas políticas educacionais, não adentraremos as políticas promovidas por tais órgãos.

Na escola, o programa BSH foi diretamente responsável pela articulação de políticas educacionais que contemplassem a temática da diversidade sexual (o que gerou a elaboração do chamado "kit contra a homofobia", que analisaremos de maneira mais detida nas próximas páginas) como uma política pública que acabou frustrada naquilo que tange à sua efetiva implementação. E, mais grave ainda, tornou-se catalisadora de diversas e poderosas forças de resistência ao que posteriormente passou a ser conhecido como a "ideologia de gênero" na educação nacional.

Este será o tema que trataremos a seguir.

Elementos para uma história (ainda mais) recente das políticas públicas educacionais no Brasil: a formação do campo de batalha

Dos quatro documentos anteriormente analisados, três deles permanecem, em linhas gerais, ainda vigentes: CRFB/88, LDB/96 e PCN/97. Portanto, somente o PNE, que tem validade de quatro anos, passou por uma nova formulação. Chegamos, assim, ao Plano Nacional de Educação,[25] de 2014, aprovado pela Presidente Dilma Rousseff em junho desse mesmo ano, e que é um documento de fundamental importância para as políticas educacionais brasileiras.

Fundamentado no Art. 214[26] da CRFB/88, alterado pela Emenda Constitucional 59/2009, o PNE, conforme já mencionado, tem duração decenal e serve como um eixo que visa articular e dar organicidade a todo o Sistema Nacional de Educação (SNE), em seus diversos níveis e modalidades, bem como

---

[25] http://goo.gl/m7pEFR
[26] Art. 214. A lei estabelecerá o plano nacional de educação, de duração decenal, com o objetivo de articular o sistema nacional de educação em regime de colaboração e definir diretrizes, objetivos, metas e estratégias de implementação para assegurar a manutenção e o desenvolvimento do ensino em seus diversos níveis, etapas e modalidades por meio de ações integradas dos poderes públicos das diferentes esferas federativas que conduzam a [Redação dada pela Emenda Constitucional nº 59, de 2009]:
I - erradicação do analfabetismo;
II - universalização do atendimento escolar;
III - melhoria da qualidade do ensino;
IV - formação para o trabalho;
V - promoção humanística, científica e tecnológica do País.
VI - estabelecimento de meta de aplicação de recursos públicos em educação como proporção do produto interno bruto [Incluído pela Emenda Constitucional nº 59, de 2009].

define a previsão de recursos orçamentários para a promoção da educação brasileira como política de Estado.[27]

O texto aprovado do PNE 2014 se fundamenta, entre diversos documentos, nas propostas da Conferência Nacional de Educação, de 2010 (CONAE, 2010),[28,29] que reuniu, entre outros, representantes do MEC, das Universidades, da Educação Profissional e Tecnológica, dos Trabalhadores em Educação, do Sistema S, dos estudantes secundaristas e de nível superior, da comunidade científica, dos conselhos municipais e estaduais de educação, das associações de pais, da educação do campo e da afirmação da diversidade.

No que tange mais especificamente ao tema que aqui discutimos, a promoção da igualdade de gênero na escola pelas políticas educacionais brasileiras, o documento do CONAE 2010, em seu eixo VI, "Justiça Social, Educação e Trabalho: inclusão, diversidade e igualdade", explicita a necessidade de se articularem as temáticas de inclusão, diversidade, igualdade e equidade, para uma superação das desigualdades sociais, historicamente construídas. Nesse sentido, defende as *ações afirmativas* como políticas emergenciais e transitórias, que visam à correção de desigualdades e injustiças face a populações marginalizadas, tais como as compostas por mulheres, pessoas LGBT (lésbicas, gays, bissexuais, travestis e transexuais), negros/as, indígenas, pessoas com deficiência e ciganos.

Curiosidade

As *ações afirmativas* se baseiam numa lógica de discriminação positiva, configurando-se como um:

[...] conjunto de políticas públicas e privadas, de caráter compulsório, facultativo

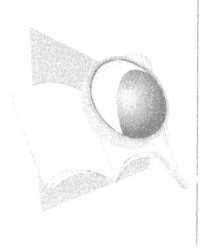

---

[27] http://goo.gl/dwT8D6
[28] http://goo.gl/N724W
[29] http://goo.gl/NHc2t

ou voluntário, concebidas com vistas ao combate à discriminação racial, de gênero e de origem nacional, bem como para corrigir os efeitos da discriminação praticada no passado, tendo por objetivo a concretização do ideal de efetivo acesso a bens fundamentais como educação e o emprego (GOMES, 2001, p. 40).

O documento da CONAE 2010 defende, ainda, o constante diálogo com os movimentos sociais, no sentido da implementação das políticas de promoção da igualdade e, ao mesmo tempo, busca negar o que é caracterizado como uma concepção hegemônica de Direitos Humanos, que se baseia no padrão universalizante do ser humano branco, masculino, de classe média, heterossexual e ocidental. Assim, o eixo VII, "Inclusão, diversidade e igualdade", no que tange às temáticas de gênero, explicita que as políticas educacionais devam: i) garantir a formação inicial e continuada de profissionais da educação básica voltada, entre outras, para gênero e orientação sexual, com recursos públicos; ii) introduzir na CAPES e CNPq políticas de pesquisa voltadas para, entre outros, os temas de gênero e orientação sexual; e, ainda, iii) estimular a criação de linhas de pesquisa nos cursos de pós-graduação que visem aos estudos de gênero e orientação sexual.

A CONAE 2010 insere, ainda, um tópico específico, intitulado "quanto ao gênero e à diversidade sexual",[30] onde, entre outros aspectos, se afirma o não sexismo na educação, a superação da dominação do masculino sobre o feminino, a inserção de disciplina obrigatória sobre gênero, diversidade sexual e orientação sexual no ensino fundamental, médio e superior, em consonância ao Plano Nacional de Direitos Humanos, o direito ao uso dos nomes sociais por transexuais e travestis e, ainda, o apoio financeiro do MEC, por meio de criação de rubrica específica, ao Projeto Escola sem Homofobia.

---

[30] Vide quadro, Anexo 1.

É muito importante fazer aqui um aparte sobre o Projeto Escola sem Homofobia,[31] pelo fato desse ter sido alvo de um grande embate no campo educacional, que levou à frustração de sua implementação nas escolas da rede pública do Brasil.

Oriundo do Programa Brasil sem Homofobia,[32] de 2004, o Projeto Escola sem Homofobia foi apoiado pela então recém-criada SECAD/MEC e teve como objetivo:

> [...] contribuir para a implementação do Programa Brasil sem Homofobia pelo Ministério da Educação, através de ações que promovam ambientes políticos e sociais favoráveis à garantia dos direitos humanos e da respeitabilidade das orientações sexuais e identidade de gênero no âmbito escolar brasileiro.

O Projeto Escola sem Homofobia e todo o seu material pedagógico-instrucional foi elaborado ao longo de quatro anos, sempre sob supervisão da SECAD e por meio de uma parceria entre a rede internacional Global Alliance for LBGT Education (GALE) e organizações brasileiras, entre as quais a Associação Brasileira de Lésbicas, Gays, Bissexuais, Travestis e Transexuais (ABGLT).

Ao fim e ao cabo desse longo e oneroso processo, foram gerados dois produtos específicos.

Primeiro, um conjunto de orientações para políticas públicas que enfocavam a questão da homofobia, elaborado com base em seminários promovidos em todas as regiões do Brasil e numa pesquisa qualitativa sobre a homofobia na escola, realizada em onze capitais de todas as regiões do Brasil. Essa pesquisa entrevistou 1.406 participantes, entre estudantes e profissionais da educação (professores, gestores, secretários municipais) e efetivamente diagnosticou diversos indícios de homofobia nas escolas da rede pública de educação básica, os quais foram analisados em suas inter-relações com o desempenho e a evasão de estudantes.

---

[31] http://goo.gl/NrB6uY
[32] http://goo.gl/t0LVbe

O segundo produto gerado, por sua vez, correspondeu à elaboração de uma estratégia de comunicação para o enfrentamento da homofobia em ambientes escolares. Foi criado um kit de material educativo relativo à homofobia na escola, dirigido à comunidade escolar, e realizaram-se oficinas de capacitação técnica para que profissionais da educação pudessem lidar de maneira adequada com tal matéria l.

O "kit anti-homofobia", como foi chamado por seus idealizadores, era um conjunto de materiais educativos composto por um caderno, uma série de seis boletins, três audiovisuais, um cartaz e cartas de apresentação para o gestor e para o educador.

A nota pública oficial, lançada pela ONG ECOS – Comunicação em Sexualidade, apresenta o seguinte resumo dos materiais do kit:

CADERNO ESCOLA SEM HOMOFOBIA

Peça-chave do kit, articula com os outros componentes (DVDs/audiovisuais, boletins, e guias que os acompanham). Traz conteúdos teóricos, conceitos básicos e sugestões de dinâmicas/oficinas práticas para o/a educador(a) trabalhar o tema da homofobia em sala de aula/na escola/na comunidade escolar visando à reflexão, compreensão, confronto e eliminação da homofobia no ambiente escolar. As propostas de dinâmicas contidas no caderno têm interface com os DVDs/audiovisuais e boletins.

BOLETINS ESCOLA SEM HOMOFOBIA (BOLESHS)

Série de seis boletins, destinados às/aos estudantes, cada um abordando um assunto relacionado ao tema da sexualidade, diversidade sexual e homofobia. Trazem conteúdos que contribuem para a compreensão da sexualidade como construção histórica e cultural; para saber diferenciar sexualidade e sexo; para reconhecer quando valores pessoais contribuem ou não para a manutenção dos mecanismos da discriminação a partir da reprodução dos estereótipos; para agir de modo solidário em relação às pessoas, independentemente de sua orientação sexual, raça, religião, condição social, classe social, deficiência (física, motora, intelectual, sensorial); para perceber e corrigir situações de agressão velada e aberta em relação a pessoas LGBT.

AUDIOVISUAIS:

1. *Boneca na Mochila* (Versão em LIBRAS) – Ficção que promove a reflexão crítica sobre como as expectativas de gênero propagadas na sociedade influenciam a educação formal e informal de crianças, através de situações que, se não aconteceram em alguma escola, com certeza já foram vivenciadas por famílias no mesmo contexto ou em outros. Ao longo do audiovisual, são apresentados momentos que revelam o quanto de preconceito existe em relação às pessoas não heterossexuais. Baseado em história verídica, mostra um motorista de táxi que conduz uma mulher aflita chamada a comparecer à escola onde seu filho estuda, apenas porque o flagraram com uma boneca na mochila. Durante o caminho, casualmente, o rádio do táxi está sintonizando um programa sobre homossexualidade que, além de noticiar o fato que se passa na escola onde estuda o menino em questão, promove um debate com especialistas em educação e em psicologia, a respeito do assunto.

2. *Medo de quê?* – Desenho animado que promove uma reflexão crítica sobre como as expectativas que a sociedade tem em relação ao gênero influenciam a vivência de cada pessoa com seus desejos, mostrando o cotidiano de personagens comuns na vida real. O formato desenho animado, sem falas, facilita sua exibição para pessoas de diferentes contextos culturais, independente do nível de alfabetização dos/das espectadores(as). Marcelo, o personagem principal, é um garoto que, como tantos outros, tem sonhos, desejos e planos. Seus pais, seu amigo João e a comunidade onde vive

mostram expectativas em relação a ele que não são diferentes das que a sociedade tem a respeito dos meninos. Porém, nem sempre os desejos de Marcelo correspondem ao que as pessoas esperam dele. Mas quais são mesmo os desejos de Marcelo? Essa questão gera medo, tanto em Marcelo quanto nas pessoas que o cercam. Medo de quê? Em geral, as pessoas têm medo daquilo que não conhecem bem. Assim, muitas vezes alimentam preconceitos que se manifestam nas mais variadas formas de discriminação. A homofobia é uma delas.

3. *Torpedo* – Animação com fotos, que apresenta questões sobre a lesbianidade através da história do início do namoro entre duas garotas que estudam na mesma escola: Ana Paula e Vanessa. Ana Paula estava na aula de informática quando se deparou com toda a turma vendo na internet fotos dela e de Vanessa numa festa, que haviam sido divulgadas por alguém para a escola toda. A partir daí, as duas se questionam sobre como as pessoas irão reagir e sobre qual atitude devem tomar. Após algumas especulações, decidem se encontrar no pátio na hora do intervalo. Lá, assertivamente, assumem sua relação afetiva num abraço carinhoso assistido por todos.

4. *Encontrando Bianca* – Por meio de uma narrativa ficcional em primeira pessoa, num tom confessional e sem autocomiseração, como num diário íntimo, José Ricardo/Bianca revela a descoberta e a busca de sua identidade de travesti. Sempre narrada em tempo presente, acompanhamos a trajetória de Bianca e os dilemas de sua convivência dentro do ambiente escolar: sua tendência a se aproximar e se identificar com o universo das meninas; as primeiras vezes em que, em sua casa, se vestiu de mulher; a primeira vez em que foi para a escola com as unhas pintadas, cada vez assumindo mais, no ambiente escolar, sua identidade de travesti; a dificuldade de ser chamada pelo nome (Bianca) com o qual se identifica; os problemas por não conseguir utilizar, sem constrangimentos,

tanto o banheiro feminino quanto o masculino; as ameaças e agressões de um lado e os poucos apoios de outro.

5. *Probabilidade* – Com tom leve e bem-humorado, o narrador conta a história de Leonardo, Carla, Mateus e Rafael. Leonardo namora Carla e fica triste quando sua família muda de cidade. Na nova escola, Leonardo é bem recebido por Mateus, que se torna um grande amigo. Mas ele só compreende por que a galera fazia comentários homofóbicos a respeito dele e de Mateus quando este lhe diz ser gay. Um dia, Mateus convida Leonardo para a festa de despedida de um primo, Rafael, que também está de mudança. Durante a festa, Leonardo conversa com Rafael e, depois da despedida, fica refletindo sobre a atração sexual que sentiu pelo novo amigo que partia. Inicialmente sentiu-se confuso, porque também se sentia atraído por mulheres, mas ficou aliviado quando começou a aceitar sua bissexualidade.[33]

A distribuição do kit, prevista para ser implementada em cerca de seis mil escolas da rede pública, no entanto, não prosperou.

Apelidado pejorativamente de "kit gay", este material pedagógico de combate à homofobia no ambiente escolar tornou-se o alvo maior das críticas ao Programa Escola sem Homofobia, em especial, oriundas da chamada "bancada evangélica" e de parlamentares conservadores e ultraconservadores, entre os quais se destacaram os discursos inflamados e amplamente difundidos pela mídia e redes sociais do deputado federal Jair Bolsonaro (PP-RJ), os quais acusavam que o conteúdo do kit faria "apologia ao homossexualismo e à promiscuidade".[34,35,36]

Assim, o "kit contra a homofobia", que consumiu cerca de dois milhões de reais aos cofres públicos, sob forte pressão política,

---
[33] http://goo.gl/NrB6uY
[34] http://goo.gl/dkh7eA
[35] https://goo.gl/qfzovC
[36] http://goo.gl/XxKuPo

acabou sendo vetado pela Presidência da República, em maio de 2011, sob alegação de que seu conteúdo seria inadequado e de que todo material que versasse sobre "costumes" deveria ser foco de maiores debates antes de vir a ser disponibilizado para a sociedade. Determinou-se, ainda, que o kit fosse recolhido e que não mais circulasse oficialmente, além de terem sido suspensas todas as produções de materiais pedagógicos relacionados a tais questões. Em discursos contraditórios, o MEC ora alegou que desconhecia parte do conteúdo e que não se responsabilizava por ele, ora alegou que apenas os vídeos seriam vetados e que o restante do material seria novamente analisado para posterior circulação nas escolas. Isso, de fato, nunca aconteceu.

O veto presidencial a esse conjunto de matérias que versavam sobre a discriminação de caráter homofóbico – ou por identidade de gênero –, nas escolas, pode ser considerado como uma grande derrota das forças "promotoras" ou de enfrentamento a temas relacionados ao conceito de gênero e orientação sexual nas políticas públicas educacionais brasileiras contemporâneas.

Humilhado, achincalhado, desvirtuado e, de fato, pouco conhecido pela sociedade e na comunidade escolar, o "kit anti-homofobia" foi varrido para debaixo dos tapetes da história das políticas públicas educacionais com o rótulo de "kit gay", cujos críticos – os "combatentes" –, alegavam ter sido criado por um governo "bolivariano" e com o objetivo de perverter menores vulneráveis para o "homossexualismo".

Jair Bolsonaro, por sua vez, foi reeleito em 2014, para o seu sétimo mandato consecutivo, desde o ano de 1991, na Câmara Federal. "Detalhe" importante de sua vitória: recebeu 464.565 votos, tendo sido consagrado como o mais bem votado deputado do estado do Rio de Janeiro naquela eleição. E, ainda, passou a ocupar o cargo de titular da Comissão de Direitos Humanos e Minorias (CDHM), na legislatura 2015-2019.

E a bancada evangélica igualmente se revigorou, elegendo diversos candidatos para a legislatura 2015-2019 e multiplicando os ataques contra a adoção da "ideologia de gênero" na escola, como veremos em seguida.

E tem mais munição...

Alguns projetos de lei em tramitação nas casas do Legislativo veem buscando exatamente proibir qualquer iniciativa de inserção e debate de temáticas de igualdade de gênero na escola. Entre esses, o Projeto de Lei 2.731/2015, de autoria do deputado estadual Eros Biondini.

Eleito pelo PTB-MG para a legislatura 2015-2019, o deputado Biondini[37] é médico veterinário, cantor *gospel* e membro da Renovação Carismática Católica (RCC). É, portanto, vinculado à poderosa Comunidade Canção Nova, que tem como missão evangelizar pelo uso dos meios de comunicação social.[38] Detém o controle de emissoras de rádio e TV abertas, transmitindo programação de cunho religioso a diversas regiões do território nacional, com uma audiência média bastante próxima à de emissoras mais antigas e bastante conhecidas, tais como a TV Record e a TV Cultura.

Entre as comissões de que participa na Câmara dos Deputados, consta que o deputado Biondini é titular na Comissão do Estatuto da Família,[39] além de ocupar os cargos de secretário da Frente Parlamentar em Defesa da Família Brasileira, a coordenação da Frente Parlamentar em Defesa da Vida e contra

---

[37] www.erosbiondini.com
[38] www.comunidade.cancaonova.com
[39] Considerado inconstitucional por parcela significativa de magistrados, sobretudo federais, mas tramitando no Legislativo, o Estatuto da Família, PL 6583/2013, de autoria do deputado Anderson Ferreira (PR-PE), traz como definição de família, em seu artigo 2o, o seguinte: "Para os fins desta Lei, define-se entidade familiar como o núcleo social formado a partir da **união entre um homem e uma mulher**, por meio de casamento ou união estável, ou ainda por comunidade formada por qualquer dos pais e seus descendentes" (grifo nosso).

o Aborto, a coordenação da Bancada Católica e a participação, como membro, da Comissão de Direitos Humanos e do Conselho Estadual de Direitos Humanos (CONEDH).

Somente em 2015, o deputado Biondini propôs, entre outros projetos sobre temáticas diversas, dois projetos de lei (PL) que fazem referência explícita e específica à temática da "ideologia de gênero", cuja conceituação iremos esboçar a seguir.

O primeiro projeto de lei sobre esse tema de autoria do deputado Biondini, PL 477, diz respeito à Lei 11.340/2006, conhecida como Lei Maria da Penha, para coibir a violência doméstica e familiar contra a mulher. Nesse PL, o deputado Biondini propõe que o termo "gênero", usado nos artigos 5º e 8º, inciso VIII dessa Lei, seja substituído pelo termo "sexo".

Assim, no Art. 5º, onde se lê que a violência doméstica e familiar contra a mulher se configura como "qualquer ação ou omissão baseada no *gênero* que lhe cause morte, lesão, sofrimento físico, sexual ou psicológico e dano moral ou patrimonial", sugere-se que passe a valer a redação segundo a qual a violência contra a mulher se baseia no *sexo*. Igualmente, no art. 8º, em seus incisos II, VII, VIII e IX, onde se lê o termo "gênero", passa-se a ler a palavra "sexo", propondo-se a seguinte redação:

> Art. 8º A política pública que visa coibir a violência doméstica e familiar contra a mulher far-se-á por meio de um conjunto articulado de ações da União, dos Estados, do Distrito Federal e dos Municípios e de ações não governamentais, tendo por diretrizes:
>
> II – a promoção de estudos e pesquisas, estatísticas e outras informações relevantes, com a perspectiva de *sexo* e de raça ou etnia, concernentes às causas, às consequências e à frequência da violência doméstica e familiar contra a mulher, para a sistematização de dados, a serem unificados nacionalmente, e a avaliação periódica dos resultados das medidas adotadas;
>
> VII – a capacitação permanente das Polícias Civil e Militar, da Guarda Municipal, do Corpo de Bombeiros e dos profissionais pertencentes aos órgãos e às áreas enunciados no inciso I quanto às questões de *sexo* e de raça ou etnia;

> VIII – a promoção de programas educacionais que disseminem valores éticos de irrestrito respeito à dignidade da pessoa humana com a perspectiva de *sexo* e de raça ou etnia;
>
> IX – o destaque, nos currículos escolares de todos os níveis de ensino, para os conteúdos relativos aos direitos humanos, à equidade de *sexo* e de raça ou etnia e ao problema da violência doméstica e familiar contra a mulher (grifos nossos).

Como justificativa para tal proposta de alteração do termo "gênero" para o termo "sexo", o PL 477 traz consigo uma importante síntese daquilo que seria a principal crítica feita contra a chamada "ideologia de gênero", pelos setores conservadores da sociedade e das casas legislativas. Podemos começar aqui a entender o processo de elaboração desse conceito, "ideologia de gênero", e, para os propósitos desta obra, entender também os conflitos relativos à recepção do núcleo do termo "gênero" nos meios políticos brasileiros.

Assim, de acordo com a justificativa que faz o deputado Biondini ao seu PL 477, o termo "gênero" teria sido desenvolvido a partir dos anos 1960, pelo Dr. John Money, da John Hopkins University, em Baltimore, nos Estados Unidos, ao sustentar que a percepção que cada qual tem de sua própria sexualidade dependeria da educação recebida. Assim, o sexo biológico – por exemplo, o masculino, para pessoas nascidas com um pênis –, poderia ser diferente da identidade de gênero, ou seja, a maneira como a pessoa se perceberia e seria percebida em termos de sua sexualidade. Uma pessoa dotada de um pênis poderia, portanto, adquirir uma identidade de gênero feminina se acaso se percebesse ou fosse percebida como mulher.

Entre suas comprovações da "teoria de gênero", o Dr. Money – continua a esclarecer o deputado Biondini em suas justificativas –, teria recomendado aos pais de um bebê que sofrera uma amputação do pênis, que ele fosse castrado e educado como uma menina. No entanto, tal experimento teria resultado num total fracasso, pois a criança educada como menina jamais teria conseguido se reconhecer como pertencendo ao sexo feminino, rasgando os vestidos que lhe teriam sido dados e, ao chegar à adolescência, ameaçado suicidar caso fosse tratado como uma mulher.

Assim, o deputado Biondini conclui que não se pode querer mudar o sexo natural de uma pessoa com base em preceitos educacionais. E, por extensão, conclui que a educação – ainda que este não seja o tema do PL aqui em análise –, não deve tentar influenciar a natureza sexual da pessoa, entendida como sendo biológica e anatômica, ainda que, nesse caso, o órgão sexual tivesse sido amputado.[40]

Ainda, continuando a sua justificativa para o PL 477, o deputado Biondini relata que, a partir dos anos 1980, a "ideologia de gênero" se basearia na literatura feminista e socialista, valendo-se de teses do livro *A origem da família, da propriedade privada e do Estado,* de Marx e Engels, para propor uma sociedade humana original, onde o relacionamento sexual seria totalmente livre e não existiria a instituição hoje denominada de família.

A família, segundo a leitura que Biondini faz dessa obra marxista, só passaria a existir a partir da acumulação de riqueza originária do capitalismo, fazendo com que os homens oprimissem as mulheres para que elas não se relacionassem com outros parceiros e, assim, pudessem ter certeza de quem seriam os seus herdeiros. Finalmente, a "ideologia de gênero", ao se basear nessa obra, sustentaria a inexistência de uma sexualidade natural e heterossexual, pois tal seria apenas uma construção social com o objetivo de reforçar papéis sociais e, por conseguinte, a opressão de classe originária de todo o sofrimento humano. Por esse motivo, deve ser rechaçada, pois objetiva destruir a família heterossexual e voltar à polimorfia perversa originária e pré-capitalista.

A partir dos anos 1980, insiste a justificativa do PL 477, o termo "gênero" teria passado a ser usado para promover o feminismo de inspiração marxista. Nesse sentido, a "ideologia de gênero" estaria pautando ações políticas para a eliminação

---

[40] Conclusão diametralmente oposta ao conceito de identidade de gênero que se procura combater, posto que esse não seria de ordem biológica e sim da percepção que o sujeito tem de sua própria sexualidade.

das desigualdades entre os gêneros e, de maneira mais radical, a eliminação da própria existência de gêneros distintos.

Prossegue ainda, o termo "gênero" teria passado a ser usado no âmbito internacional, desde a Convenção sobre a Eliminação de todas as formas de Discriminação contra a Mulher, realizada em Pequim, em 1995. No texto final dessa convenção, o termo "gênero" teria sido usado por mais de 200 vezes, por exigência de ONGs feministas de inspiração marxista. Critica Biondini o uso do termo "gênero" nessa Convenção de 1995, ao contrário de consolidar mecanismos protetivos para as mulheres – e mantendo, portanto, o objetivo inicial da convenção –, teria criado ambiguidades e confusão, servindo apenas para "promover uma revolução cultural sexual de orientação neomarxista", onde se proporia um mundo de "genuína igualdade", no qual "todos teriam que ser educados como bissexuais e a masculinidade e a feminilidade deixariam de ser naturais".

Finalmente, conclui a justificativa, a luta contra a discriminação da mulher estaria perdendo o foco e sendo contraproducente ao usar o termo "gênero", de maneira que a substituição desse termo por "sexo", proposta no PL 477/2015,[41] restauraria a Lei Maria da Penha a sua plena consonância ao espírito do legislador. Assim, prestaria um verdadeiro serviço à mulher brasileira ao explicitar na redação do texto legal os objetivos protetivos ao sexo feminino.

Tais concepções, como veremos, serão complementadas em outros projetos de lei por novos argumentos e por críticas a outros autores, tais como Michel Foucault e Judith Butler. Mas, em linhas gerais, temos aí, de maneira sintética e bastante

---

[41] Em agosto de 2015, o PL 477 obteve parecer favorável da Comissão de Direitos Humanos e Minorias, com relatório do deputado Flavinho (PSB-SP), sob alegação de que o uso do termo "sexo" seria uma adequação terminológica necessária para a efetiva proteção à mulher, posto que o termo "gênero" teria conotação ideológica, podendo gerar interpretações desvirtuadas daquelas que teriam sido próprias ao espírito do legislador, seguindo a sua tramitação em outras instâncias necessárias para a sua plena aprovação.

objetiva, o eixo central da "contraofensiva" que perpassará as diversas iniciativas com o mesmo objetivo de combate ao que vem sendo entendido, pelos segmentos sociais dos "combatentes", como uma *invasão* da "ideologia de gênero" no país: um projeto de linhagem marxista, que tem como objetivo desestruturar a família e tornar as pessoas manipuláveis com base na pulverização de suas identidades sexuais. Pior: que vem sendo implantada, pelo governo, nas escolas e, portanto, incide sobre a parcela mais vulnerável da população: crianças e adolescentes, subjugadas por professores impos(i)tores.

Dá-lhe fogo!

Também em 2015, numa segunda investida contra o uso do termo "gênero" em documentos legais, o deputado Biondini apresentou o PL 2.731, visando agora atingir diretamente a área educacional. Nesse sentido, propôs alterar o PNE, Lei 13.005, de 25 de junho de 2014, para inclusão do seguinte trecho no artigo 2º:

> É proibida a utilização de qualquer tipo de ideologia na educação nacional, em especial o uso da ideologia de gênero, orientação sexual, identidade de gênero e seus derivados, sob qualquer pretexto.

Como punição, o PL 2731/2015 prevê que o descumprimento de tal norma acarrete em perda do cargo ou do emprego. Além disso, prevê que a prática seja tipificada como crime de submeter criança ou adolescente sob autoridade, guarda ou vigilância, a vexame ou constrangimento e, portanto, com base no Art. 232, da Lei 8.069/90 (Estatuto da Criança e do Adolescente – ECA), seja passível de pena de detenção, de seis meses a dois anos. E, ainda, prevê que o não atendimento a esta lei, por parte dos planos de educação dos estados, do Distrito Federal e dos municípios, impossibilitará o repasse de recursos financeiros federais destinados à educação. Constitui-se, portanto, em lei de necessária observância e graves consequências, tanto para a pessoa física (profissionais da educação) quanto para a pessoa jurídica (entes federados).

Para melhor entender esse PL, retornemos, então, ao Plano Nacional de Educação 2014-2024 e aos debates para a sua aprovação.

Inicialmente previsto para vigir no decênio 2011-2021, o segundo PNE em forma de Lei tramitou durante quatro anos no Congresso Nacional. Ou seja, desde a sua apresentação, pelo Poder Executivo, na forma do PL 8035/2010, iniciou-se um amplo debate, com audiências públicas, seminários nacionais e seminários estaduais, que culminou na aprovação da Lei Ordinária 13005/2004 (PNE 2014-2024).

O PNE 2014-2024 é, pois, o resultado de um conjunto de forças e atores institucionais,[42] dentre os quais, os "atores governamentais", constituídos, entre outros, pelo Poder Executivo (Presidência da República, MEC, entre outros) e pelo Congresso Nacional (Câmara e Senado). Também pelos conselhos e fóruns de educação institucionais, donde o CNE, entre outros; pelos movimentos sociais, donde os segmentos da comunidade educacional (ANDES, FASUBRA, ANDIFES, entre outros), entidades científicas (Anped, Anpae, SBPC, entre outras), e Redes de Movimentos (Todos pela Educação, APAES/Fenapaes, entre outros). Também pela sociedade civil (gestores), donde Consede, Undime, Abrasf, entre outros. Também a sociedade civil vinculada ao setor privado na área educacional (Sistema S, Grupo Positivo, entre outros). E, também, organizações da sociedade civil voltadas à formulação de políticas públicas, tais como o Cenpec e o Instituto Alfa e Beto.

O processo de debates e de propostas de emendas, em número superior a 3.000 (três mil!), levou a se comparar o processo de elaboração do PNE 2014-2024 a uma verdadeira Constituinte, onde o jogo de forças políticas antagônicas se fez pujante e vigoroso. Nesse sentido, entre as "polêmicas em destaque", temos que:

> *A mais ruidosa polêmica* diz respeito à alteração da diretriz que previa a superação das desigualdades educacionais (inciso III do Art. 2º do substitutivo da Câmara). O Senado alterou esse dispositivo, retirando a ênfase na promoção da "igualdade racial, regional, de gênero e de

---
[42] http://goo.gl/c6KxQO

orientação sexual", expressão substituída por "cidadania e na erradicação de todas as formas de discriminação". A contenda terminou favorável ao Senado, com a aprovação do destaque para manter seu texto.[43]

Mister se faz, pois, entender que o texto final do PNE 2014-2024 foi aprovado, sem vetos, mas somente após intensos embates sobre a "ideologia de gênero".

Assim, apesar de ter sido elaborado com base no documento final da CONAE 2010,[44] o inciso III do Art. 2º somente foi aprovado mediante a alteração que suprime o termo "gênero" e o substitui por algo bastante genérico: "todas as formas de discriminação". Assim, o texto final apresenta-se com a seguinte redação:

> Art. 2º São diretrizes do PNE:
>
> [...]
>
> III – superação das desigualdades educacionais, com ênfase na promoção da cidadania e na erradicação de todas as formas de discriminação".
>
> (Cf. Art. 2º, III. Lei 13.005/ 2014. PNE.)

Ora, apesar de, numa leitura ingênua, se poder inferir que a redação "todas as formas de discriminação", por óbvio, tenha que incluir subliminarmente as temáticas da igualdade de gênero, há que se fazer aqui uma leitura efetivamente política do texto aprovado, entendendo estar assim configurada nova vitória das forças conservadoras, aqui configuradas como os "combatentes" daquilo que se convencionou chamar de "ideologia de gênero" nas políticas educacionais brasileiras.

---

[43] http://goo.gl/c6KxQO (grifos nossos).
[44] O CONAE 2010, conforme já discutido, explicita o eixo de número VI, denominado "Justiça Social, Educação e Trabalho: inclusão, diversidade e igualdade", onde, entre outras políticas públicas, se propõe o enfrentamento, na escola, de temas relativos às temáticas da igualdade de gênero.

Mas todos têm munição...

E novas investidas são feitas pelos "promotores", para tentar assegurar alguma honrosa vitória a quem pretende garantir o princípio fundamental da igualdade de gênero na escola.

Assim, dando sequência ao tensionamento de forças políticas, temos a CONAE 2014,[45] ocorrida entre 19 e 23 de novembro daquele ano, com o título de O PNE na Articulação do Sistema Nacional de Educação: Participação Popular, Cooperação Federativa e Regime de Colaboração. Seu texto final, aprovado em novembro desse ano – portanto, alguns meses depois da aprovação do PNE 2014 –, reafirma, de maneira ainda mais radical, os pressupostos da construção de uma política educacional de Estado que faculte o enfrentamento às temáticas da igualdade de gênero.

A CONAE 2014 introduz, em seu Eixo II, o subtítulo "Educação e Diversidade: justiça social, inclusão e direitos humanos", afirmando que:

> O tema Educação e diversidade: justiça social, inclusão e direitos humanos constitui o eixo central da educação e objeto da política educacional. Diz respeito à efetivação da educação pública democrática, popular, laica e com qualidade social, banindo o proselitismo, o racismo, o machismo, o sexismo, a homofobia, a lesbofobia e a transfobia nas instituições educativas de todos os níveis, etapas e modalidades.[46]

Reitera-se aqui o compromisso que deve ter o Estado em promover uma política educacional pautada no reconhecimento da diversidade e da construção histórica das diferenças, bem

---

[45] http://goo.gl/4Ott5u
[46] http://goo.gl/4Ott5u

como na busca da superação das desigualdades, hierarquias e subalternidades da cidadania. As ações afirmativas, nesse sentido, são inseridas como instrumentos emergenciais e transitórios, mas que devem ser legitimamente utilizados até que, por meio de avaliações sistemáticas, se comprove a suplantação das desigualdades que originaram a sua necessidade.

> Na educação, as ações afirmativas dizem respeito à garantia do acesso, da permanência e do direito à aprendizagem nos diferentes níveis, etapas e modalidades da educação aos grupos historicamente excluídos. Isto requer o pleno reconhecimento do direito à diferença e o posicionamento radical na luta pela superação das desigualdades socioeconômicas, raciais, de gênero, orientação sexual, regionais, de acesso à terra, à moradia, e oriunda da condição de deficiência, para o exercício dos direitos humanos.[47]

Critica-se ainda, no eixo II do PNE, uma concepção de Direitos Humanos tida como meramente regulatória, posto que abstrata, homogeneizante, hegemônica e supostamente neutra. Ou seja, uma concepção de direitos humanos que se pauta num sujeito universal e genérico e, na prática, inexistente.

Ao contrário, no eixo II do PNE se afirma uma concepção emancipatória de Direitos Humanos, que reconhece o sujeito concreto em seu direito à diversidade e às diferenças – e, portanto, à existência real. É uma concepção de Direitos Humanos que se implementa em sintonia com a justiça social e com as políticas públicas capazes de manter um constante diálogo com movimentos sociais. É necessário um compromisso com uma educação inclusiva, laica e que garanta "o componente curricular obrigatório efetivo sobre os instrumentos normativos ligados às temáticas étnico-raciais, dos direitos linguísticos, de gênero e sexualidades, cultural, de pessoas com deficiência, e a inclusão social, entre outras".[48]
E a necessária disponibilização de recursos públicos para a

---

[47] http://goo.gl/4Ott5u
[48] http://goo.gl/4Ott5u

efetivação de tais políticas, as quais são pautadas em diversas normativas legais.[49]

Além disso, durante a CONAE 2014 foram aprovadas nada menos que cinco moções – montante muito significativo se considerado o total de apenas vinte e quatro aprovadas –, que fazem referências diretas às temáticas de gênero e seus vínculos com a educação escolar. A saber:

> i) Moção 8, "Pelo fim da violência contra a mulher", onde se destaca o tema da realização de trotes misóginos, machistas e opressores em instituições de ensino superior;[50]
>
> ii) Moção 15, "Por uma maior radicalidade do Grupo de Diálogos Tranças das Diversidades na Educação", onde se destaca o tema da criação de um grupo de diálogos políticos que reúne integrantes de organizações e movimentos sociais negros, indígenas, feministas, quilombolas, LGBT, da educação do campo, da educação de jovens e adultos, da educação especial e da educação ambiental e que procura avançar e afirmar a centralidade a centralidade da agenda de direitos humanos, diversidade, inclusão e sustentabilidade para o debate da qualidade educacional;[51]

---

[49] A Constituição Federal, a Lei de Diretrizes e Bases da Educação Nacional, o Estatuto da Criança e do Adolescente, o Estatuto da Igualdade Racial, o Estatuto da Juventude, o Estatuto do Idoso, o Plano Nacional de Educação, a Política Nacional de Educação Especial na perspectiva da Educação Inclusiva, o Plano Nacional de Implementação das Diretrizes Curriculares Nacionais para a Educação das Relações Étnico-Raciais e para o Ensino de História e Cultura Afro-brasileira e Africana, o Plano Nacional de Educação em Direitos Humanos, o Plano Nacional de Promoção da Cidadania e Diretos Humanos LGBT, a Política Nacional para a População em situação de Rua (Decreto 7053/09), a Política Nacional de Educação Bilíngue para Surdos, a Política Nacional de Educação Ambiental, o Plano Nacional de Políticas para as Mulheres, as Diretrizes Nacionais para a Educação em Direitos Humanos, as Diretrizes Curriculares Nacionais para a Educação Escolar Indígena, a Educação de Jovens e Adultos, a Educação do Campo, a Educação Escolar Quilombola, a Educação Ambiental e a oferta da Educação de Jovens e Adultos em situação de Privação de Liberdade nos Estabelecimentos Penais.
[50] http://goo.gl/3xFmQM
[51] http://goo.gl/FCaQuv

iii) Moção 21, "Pela liberação do kit anti-homofobia", que recomenda ao Governo Federal a liberação do material didático-pedagógico para combate à homofobia, considerado instrumento fundamental para a formação de profissionais da rede pública de ensino ("kit anti-homofobia", denominado pejorativamente, conforme já mencionado aqui, como "kit gay" e vetado pela Presidência da República em maio de 2011);[52]

iv) Moção 22, de "Repúdio ao Projeto de Lei 6583/2013, que cria o Estatuto da Família", onde se destaca o cerceamento de direitos e o não reconhecimento dos diversos tipos de arranjos familiares no Brasil contemporâneo, contrapondo-se à realidade da convivência afetiva e à própria jurisprudência já presente nos tribunais;[53]

v) Moção 23, de "Repúdio ao Congresso Nacional, por não fazer constar, de forma expressa e textual, no Plano Nacional de Educação, referências a Livre Orientação Sexual e Identidade de Gênero", que destaca o repúdio aos congressistas por terem não terem explicitado, no texto aprovado do PNE, a inclusão de referências explícitas a "livre orientação sexual" e "identidade de gênero", de forma a empoderar e garantir respeito e cidadania a todas as pessoas, assumindo o compromisso com uma educação verdadeiramente transformadora e capaz de combater o preconceito e a discriminação relacionados a tais temas.[54]

O texto final da CONAE 2014 configura-se, então, numa expressiva vitória das forças políticas que buscam inserir as temáticas da igualdade de gênero na escola. Ao final da CONAE 2014, as forças "promotoras" ganham novo fôlego para reafirmar que as políticas públicas educacionais e os planos municipais e estaduais de educação, com base em diretrizes oficiais, podem, sim – e, aliás, devem –, fazer uso do termo igualdade de gênero.

---
[52] http://goo.gl/6Tg04G
[53] http://goo.gl/G9sa5p
[54] http://goo.gl/yPm1m4

E logo vem o contra-ataque...

A CONAE 2014, no entanto, longe de distender a disputa política, acirrou ainda mais esse verdadeiro duelo entre "promotores" *e* "combatentes". E logo vieram novos ataques.

Assim é que aqui retornamos ao PL 2731, apresentado em agosto do ano 2015, pelo deputado Eros Biondini.

Na justificativa[55] ao PL 2731, Biondini destaca exatamente que, após quatro anos de "exaustivos debates", o Legislativo aprovou que fossem excluídas "citações relativas à chamada ideologia de gênero, tais como: gênero, orientação sexual, identidade de gênero e seus derivados",[56] as quais teriam sido consideradas nocivas à infância e à juventude. Mas que, mesmo assim, o MEC estaria insistindo em fundamentar as suas normativas institucionais no texto da CONAE,[57] de novembro de 2014, e que, dessa maneira, estaria continuando a fazer diversas menções a propostas de superação das desigualdades educacionais, com ênfase na promoção da igualdade racial, regional, de gênero e de orientação sexual, e na garantia de acessibilidade.

Portanto, para Biondini, o MEC estaria elaborando normativas educacionais para estados, Distrito Federal e municípios, no sentido de que esses elaborassem seus planos de educação a despeito e em desrespeito ao texto do PNE 2014-2014, já aprovado em junho de 2014. E, assim, sugerindo que fosse neles implantada a "ideologia de gênero", numa perspectiva de desvincular o pertencimento de gênero ao sexo biológico, "ou

---

[55] http://goo.gl/bi3Igf.
[56] http://goo.gl/ltkKlM
[57] Nesse sentido, vide ainda as diretrizes do CONAE em <http://goo.gl/4Ott5u>.

seja, ninguém nasce homem ou mulher, devendo cada pessoa, escolher o que quer ser."[58]

Dessa feita, o PL 2.731 se justifica, segundo o seu proponente, na urgência de cumprir e fazer cumprir, "sob risco de punição", aquilo que se prevê como preconizado pelo próprio PNE, em seu artigo 8º, qual seja, que os planos estaduais e municipais devem estar em consonância ao Plano Nacional de Educação, bem como de acordo com o que preconiza o Art. 22, XXIV, da CRFB/88, que define ser competência privativa da União legislar sobre as diretrizes e bases da educação nacional.

---

[58] http://goo.gl/oz0gLF

Mas "uma andorinha só não faz verão"...

E os ataques dos "combatentes" nunca são isolados. Ao contrário, além de múltiplos e relativamente independentes, são articulados e complementares.

Assim é que, em 24 de novembro de 2015, o PL 2.731/2015 foi retirado pelo autor, para ser apensado ao PL 3236,[59] de autoria do deputado federal Pastor Marco Feliciano (PSC-SP).

O que a retirada de um projeto de lei e subsequente apensamento do mesmo a outro projeto de lei pode significar?

Longe de ser um ato de "bater em retirada", no sentido estrito do acovardamento da pauta, o apensamento de um PL a outro é uma estratégia de fortalecimento e aceleração processual, posto que não anula o projeto retirado e, ao contrário, o fortalece e torna mais célere o rito processual. Por tratarem de temas semelhantes, os projetos apensados tornam-se mais robustos em termos argumentativos e, considerando-se a questão da cronologia das proposituras de cada um, o mais recente, ao tramitar conjuntamente com o mais antigo, ganha em termos de celeridade e economia processual. Assim, a relatoria das comissões pelas quais deve tramitar, ainda que tendo que se manifestar sobre cada um dos projetos apensados, pode dar um parecer único sobre todos eles.

---

[59] http://goo.gl/aSFRAQ

Também tem munição na bancada evangélica...

Nem só de ataques católicos sobrevive a contraofensiva dos "combatentes" contra aquilo que chamam de "ideologia de gênero" nas escolas. Poderosa e com diversos parlamentares engajados na sua causa, a "bancada evangélica" se faz presente no debate de forma decisiva. Entre os seus representantes mais conhecidos, destaca-se o deputado federal Pastor Marco Feliciano (PSC-SP),[60,61] que está em seu segundo mandato consecutivo na Câmara Federal. Tendo, portanto, sido parlamentar na Legislatura 54 (2011-2014), conseguiu ser reeleito com 398.087 votos para a Legislatura 55 (2015-2018). Consagrou-se, assim, em *terceiro lugar* entre os candidatos mais bem votados a deputado federal no primeiro colégio eleitoral do Brasil, qual seja, o estado de São Paulo.[62] Jovem liderança política da direita ultraconservadora, o deputado Pastor Marco Feliciano manteve-se nos holofotes da mídia e, especialmente, das redes sociais, muito especialmente desde o ano 2013, tendo em vista a sua controversa atuação como presidente da Comissão de Direitos Humanos e Minorias (CDHM), da Câmara do Deputados, na qual continuou a participar, na qualidade de titular, durante o seu segundo mandato.

Atuante também na aprovação do Estatuto da Família, anteriormente mencionado, o deputado Marco Feliciano foi autor ou coautor, *somente no ano 2015*, de pelo menos oito

---

[60] http://goo.gl/wR3HB
[61] Nascido em 1972, no interior de São Paulo, tem como formação o curso Técnico em Contabilidade, além do Superior em Teologia; como profissão, apresenta-se como Pastor da Assembleia de Deus, empresário e escritor evangelista.
[62] Sendo o primeiro mais bem votado o deputado Celso Russomano (PRB-SP), com 1.524.361 votos; em segundo lugar, o deputado Tiririca (PR-SP), com 1.016.796 votos.

documentos que sustam ou alteram procedimentos ou criminalizam iniciativas relacionadas à "ideologia de gênero", conforme se explicita no quadro abaixo:

> **Projetos de autoria ou coautoria do deputado Marco Feliciano durante o ano 2015 que versam sobre o tema da "ideologia de gênero".**
>
> Projeto de Decreto Legislativo de Sustação de Atos Normativos do Poder Executivo. PDC 16, de 17 de março de 2015[63] – Susta a aplicação da Resolução nº 12, de 16 de Janeiro de 2015, da Secretaria de Direitos Humanos, da Presidência da República, que estabelece parâmetros para a garantia das condições de acesso e permanência de pessoas travestis e transexuais – e todas aquelas que tenham sua identidade de gênero não reconhecida em diferentes espaços sociais – nos sistemas e instituições de ensino, formulando orientações quanto ao reconhecimento institucional da identidade de gênero e sua operacionalização.
>
> Projeto de Decreto Legislativo de Sustação de Atos Normativos do Poder Executivo. PDC 17, de 17 de março de 2015 – Susta a aplicação da Resolução nº 11, de 18 de Dezembro de 2014, da Secretaria de Direitos Humanos, da Presidência da República, que estabelece os parâmetros para a inclusão dos itens "orientação sexual", "identidade de gênero" e "nome social" nos boletins de ocorrência emitidos pelas autoridades policiais no Brasil.

---

[63] Ao PDC 16/2015 são apensados outros cinco PDCs, de mesmo objeto, quais sejam PCD 26/ 2015, de autoria do deputado Ezequiel Teixeira (SD/RJ); PDC 30/2015, de autoria do deputado Eros Biondini (PTB/MG); PDC 48/2015, de autoria do professor Victório Galli (PSC/MT); PDC 91/2015, de autoria do deputado Fábio Souza (PSDB/GO); PDC 115/2015, de autoria do deputado Alfredo Kaefer (PSDB/PR). Formando-se, portanto, verdadeiro front parlamentar pluripartidário contra a Resolução nº 12, de 16 de janeiro de 2015, da Secretaria de Direitos Humanos da Presidência da República.

Requerimento de Audiência Pública. REQ 17, de 25 de março de 2015/ CDHM – Requer a realização de Audiência Pública com a finalidade de discutir a Resolução nº 11, de 18 de Dezembro de 2014, da Secretaria de Direitos Humanos, da Presidência da República, que estabelece os parâmetros para a inclusão dos itens "orientação sexual", "identidade de gênero" e "nome social" nos boletins de ocorrência emitidos pelas autoridades policiais no Brasil, e a Resolução nº 12, de 16 de janeiro de 2015, da Secretaria de Direitos Humanos, da Presidência da República, que estabelece parâmetros para a garantia das condições de acesso e permanência de pessoas travestis e transexuais – e todas aquelas que tenham sua identidade de gênero não reconhecida em diferentes espaços sociais – nos sistemas e instituições de ensino, formulando orientações quanto ao reconhecimento institucional da identidade de gênero e sua operacionalização.

Projeto de Decreto Legislativo de Sustação de Atos Normativos do Poder Executivo. PDC 122, de 17 de junho de 2015 – Para sustar os efeitos da inclusão da ideologia de gênero no Documento Final do CONAE 2014, assinado e apresentado pelo Fórum Nacional de Educação.

Projeto de Decreto Legislativo de Sustação de Atos Normativos do Poder Executivo. PDC 214, de 15 de agosto de 2015 – Susta a Portaria nº 916, de 9 de setembro de 2015, do Ministério da Educação, que "institui Comitê de Gênero, de caráter consultivo, no âmbito do Ministério da Educação".

Projeto de Decreto Legislativo de Sustação de Atos Normativos do Poder Executivo. PDC 235, de 07 de outubro de 2015 – Susta a aplicação da Portaria nº 94 de 30 setembro de 2015, do Ministério da Cultura, que "cria o Comitê Técnico de Cultura de Lésbicas, Gays, Bissexuais, Travestis (LGBT), no âmbito do Ministério da Cultura".

> Projeto de Lei. PL 3235, de 07 de outubro de 2015 – Acrescenta o art. 234-A à Lei nº 8.069, de 13 de julho de 1990, que "dispõe sobre o Estatuto da Criança e do Adolescente e dá outras providências". Explicação: Criminaliza comportamento que induza à ideologia de gênero.
>
> Projeto de Lei. PL 3236, de 07 de outubro de 2015 – Acrescenta parágrafo único ao art. 2º da Lei nº 13.005, de 25 de junho de 2014, que «aprova o Plano Nacional de Educação – PNE e dá outras providências".

    Na justificativa do PL 3236/2015, ao qual o PL 2731/2015 do deputado Biondini foi apensado, o deputado Pastor Feliciano utiliza alguns dos mesmos argumentos de Biondini naquele projeto: a introdução ardilosa e feita por fundações internacionais do termo "gênero", o qual foi usado sem maiores conceituações e em detrimento aos termos "mulher" e "sexo" na Conferência sobre a Mulher, de Pequim, em 1995. Mas o deputado Feliciano insere outros argumentos e autores, donde a crítica à obra da filósofa estadunidense Judith Butler e, em específico, ao seu livro *O Problema do Gênero*, que é ali considerada a obra originária da configuração semântica do termo "ideologia de gênero". Feliciano segue, ainda, citando a Conferência de Yogyakarta,[64] acontecida na Indonésia, em 2006, onde, segundo ele, o Brasil não teria tido participação oficial, sendo apenas representado por ativistas de ONGs de Direitos Humanos. E somente nessa conferência os termos "orientação sexual" e "identidade sexual" teriam sido efetivamente definidos, numa tentativa de esvaziamento jurídico do conceito de homem e mulher e, por conseguinte, numa tentativa de se sustentar que masculino e feminino não seriam realidades biológicas, e sim meros constructos culturais.

> Neste sentido, não existiria uma forma natural de sexualidade humana, e fazer da heterossexualidade uma norma não seria mais do que reforçar os papéis sociais de gênero

---

[64] Princípios sobre a aplicação da legislação internacional de direitos humanos em relação à orientação sexual e identidade de gênero: http://goo.gl/t9Ls8Q

supostamente apontados como a origem da opressão de uma classe por outra e que estariam na raiz de todo o sofrimento humano. Justiticativa ao PL 3236, de autoria do deputado Pastor Marco Feliciano.⁶⁵

Considerada pseudocientífica e perniciosa, além de exógena e portanto sem qualquer vínculo com a cultura nacional, a "ideologia de gênero" é rechaçada como sendo totalitária e tendo como objetivo a pulverização da família⁶⁶ e, daí, o estabelecimento de um caos social, onde os indivíduos seriam facilmente manipuláveis, posto que desprovidos de suas referências identitárias fundamentais, referentes à família e à sexualidade.

Mas, como já dissemos, uma andorinha só não faz verão... E assim, o PL 3236/2015 foi igualmente retirado de pauta e apensado ao PL 7180/2014, numa nova estratégia para fortalecer um bloco de projetos de lei e para tornar mais célere a votação de cada um deles.

Chegamos então ao PL 7180/2014, de 24 de fevereiro de 2014 e de autoria do deputado federal Erivelton Santana (PSC-BA), o qual se apresenta, enfim, como um grande "guarda chuva" de projetos das forças ultraconservadoras e contrárias à introdução daquilo que entendem como a "ideologia de gênero" nas políticas educacionais brasileiras. Ao PL 7180/2014 estão apensados pelo menos cinco projetos, além dos já supracitados PL 2731, de autoria de Eros Biondini, e PL 3236, de autoria de Marco Feliciano:

Outros projetos apensados ao PL 7180/2014, de 24 de fevereiro de 2014 e de autoria do deputado federal Erivelton Santana (PSC-BA):

i) PL 7181,⁶⁷ de 24 de fevereiro de 2014, de autoria do próprio deputado Erivelton Santana (PSC-BA), que dispõe sobre os parâmetros curriculares nacionais, definindo que

---

⁶⁵ http://goo.gl/aSFRAQ
⁶⁶ Este argumento é retirado de http://goo.gl/rDyPQE, sobre o qual voltaremos a discutir.
⁶⁷ http://goo.gl/mOGsTL

os valores familiares devem ter precedência sobre a educação moral, sexual e religiosa, sendo vedada qualquer "transversalidade ou técnicas subliminares no ensino desses temas" pela escola.

ii) PL 867, de 23 de março de 2015, de autoria do deputado Izalci (PSDB-DF), para incluir, entre as Diretrizes e Bases da Educação, o Programa Escola sem Partido.[68] Neste Programa, propõe-se que a educação nacional se paute nos princípios de "neutralidade política, ideológica e religiosa do Estado". Nesse sentido, veda-se em sala de aula qualquer prática de "doutrinação política e ideológica, bem como a veiculação de conteúdos ou a realização de atividades que possam estar em conflito com as convicções religiosas ou morais dos pais ou responsáveis pelos estudantes", donde a necessidade de que mesmo as escolas confessionais devam requerer autorização expressa dos pais, no ato de matrícula, para veicularem conteúdos relativos a tais valores, os quais deverão ser objetivamente informados. Igualmente, não se aceitarão favorecimentos ou prejuízos aos estudantes, considerados a parte vulnerável do processo educacional, em razão de tais temas e, sobretudo, os valores dos pais ou responsáveis prevalecerão sobre a educação moral. Destacando-se que o disposto nesta Lei aplicar-se-á aos livros, às avaliações, aos concursos de ingresso na carreira docente e a todos os níveis e modalidades de ensino.

iii) o PL 1.859,[69] de 10 de junho de 2015, de autoria do deputado Izalci (PSDB-DF) e de outros quinze deputados de diferentes partidos, para acrescentar Parágrafo Único ao Art. 3º da Lei no 9.394, de 20 de dezembro de 1996 (Lei de Diretrizes e Bases da Educação Nacional), com fins de **proibir** que a educação desenvolva políticas de ensino ou

---

[68] www.escolasempartido.org
[69] http://goo.gl/3toxsp

adote em seus currículos disciplinas de caráter obrigatório, complementar ou facultativo, que tendam a aplicar a ideologia de gênero, ou utilizem os termos "gênero" ou "orientação sexual" em seus princípios. Como justificativa, repete-se que a invasão desta ideologia nas políticas educacionais brasileiras faz parte de um movimento internacional, de fundamentação neomarxista, que tem como objetivo precípuo a destruição da família, tida como base da sociedade burguesa e da exploração capitalista. Contrapondo-se a isto, o PL 1859 busca reestabelecer os princípios constitucionais de proteção à família, basilares do Estado e da sociedade brasileira. Repetem-se ainda, entre outros argumentos, as críticas ao texto da filósofa Judith Butler, dos anos 1990, a inserção ardilosa e feita à exaustão do termo "discriminação de gênero" no texto final da Conferência de Pequim, que deveria tratar da temática da discriminação contra a mulher, e a ratificação dos termos "gênero", "identidade de gênero" e "orientação sexual", na Conferência de Yogyakarta, na Indonésia, em 2006 (grifo nosso).

O PL 7180/2014, do deputado Erivelton Santana, torna-se, então, um eixo articulador de diferentes projetos contrários à "ideologia de gênero", no contexto das políticas educacionais brasileiras contemporâneas. De caráter conservador, tal projeto de lei pretende alterar a LDB,[70] de 20 de novembro de 1996, inserindo nela o inciso XIII do Art. 3º, assegurando assim, entre os princípios que devem reger a educação nacional, o "respeito às convicções do aluno, de seus pais e responsáveis, tendo os valores de ordem familiar precedência sobre a educação escolar nos aspectos relacionados à educação moral, sexual e religiosa, ficando vedada a transversalidade ou técnicas subliminares no ensino desses temas".[71]

Entendendo que a educação escolar provida pelo Estado não teria o direito de entrar no campo das convicções pessoais

---

[70] http://goo.gl/hvB4b
[71] http://goo.gl/kK5IAK

e valores familiares, sendo essas abordagens a serem tratadas na esfera da vida privada, o PL 7180/2014 afirma se justificar no art. 12, inciso 4, da Convenção Americana de Direitos Humanos (Pacto de San José da Costa Rica, de 1969, ratificado pelo Brasil no ano de 1992), segundo o qual:

> Os pais e, quando for o caso, os tutores, têm direito a que seus filhos e pupilos recebam a educação religiosa e moral que esteja de acordo com suas próprias convicções.[72]

Ora, o Art. 12 da supracitada convenção faz referência ao tema "liberdade de consciência e de religião". Torna-se evidente que o ponto nodal dos debates políticos sobre a "ideologia de gênero" recaem na esfera da religião e de uma moralidade incompatível com a perspectiva de cidadania emancipatória.

Ou ainda, colocado outramente e de forma mais grave, os fundamentos da crítica que se faz ao pseudoconceito de "ideologia de gênero" se contextualizam num movimento que ameaça a laicidade do Estado Democrático de Direito. E tal movimento se faz presente no contexto de fragilidade institucional do jovem sistema democrático brasileiro, onde ser mulher ou ser homossexual – ou mesmo ser ambos – apresenta-se em confronto ao *status quo* de um Estado ainda dominado pela religião e que molda uma certa lógica social de poder e desigualdades, a qual se pretende perpetuar.

---

[72] https://goo.gl/XryTUc

Mas, num último suspiro de 2015...

Por meio da Portaria 916, de 9 de setembro, instituiu-se o Comitê de Gênero,[73] de caráter consultivo, a ser coordenado por uma secretaria executiva exercida pela SECADI e com objetivos claros de formular, implementar, monitorar e avaliar políticas públicas relacionadas ao tema da igualdade de gênero, nas escolas. Na Portaria, no entanto, apenas se usa o termo "gênero". Os termos "identidade de gênero", "orientação sexual", entre outros, ficam apenas subententidos – e, obviamente, subrepresentados e novamente oprimidos –, na genérica ideia de "diversidades relativas a gênero".

Mesmo assim, timidamente instituído e tentando resguardar um mínimo de dignidade para o tratamento de tal pauta nas políticas públicas educacionais, o Comitê de Gênero acabou por se configurar como mais uma amarga derrota imposta aos "promotores" da igualdade de gênero. No dia 21 de setembro, portanto menos de quinze dias após a publicação da Portaria 916, o MEC voltou atrás e publicou outra portaria, de número 949, instituindo agora um Comitê "genérico" de combate à discriminação e retirando da resistente e combativa SECADI a coordenação dos trabalhos por meio de uma Secretaria Executiva que estivesse sob sua responsabilidade.

Natimorto, o Comitê de Gênero representa bem o enfraquecimento da SECADI – cuja extinção já foi cogitada algumas vezes – no âmbito do MEC. E, também, o consequente enfraquecimento da perspectiva de articulação de políticas públicas educacionais para a construção de escolas promotoras da igualdade

---
[73] http://goo.gl/6AOtNb

de gênero no Brasil. Isso, apesar de o apoio acadêmico se manter, por exemplo, por meio da importante Associação Nacional de Pós-Graduação e Pesquisa em Educação (ANPEd), que publicou, em junho de 2015, uma nota pública de apoio à redução das desigualdades de gênero, na escola.[74] Em defesa do Estado laico, das decisões de órgãos representativos como a CONAE, a ANPEd reitera a importância de que os temas relativos a gênero sejam trabalhados na educação básica, em todos os níveis, e manifesta preocupação quanto à forma como vêm sendo travados os debates em torno da temática da "ideologia de gênero" no país.

Mas as vozes da academia pouco ecoam... E o ano de 2015 ainda trará importantes derrotas para as políticas de promoção da igualdade de gênero no Brasil.

---

[74] Veja íntegra da Carta Pública no Anexo 4.

É chegada a batalha final? A votação dos planos estaduais e municipais de educação

Tal como o Plano Nacional de Educação, os planos estaduais e municipais de educação têm vigência decenal e, além de estarem de acordo com o plano nacional, devem estabelecer diretrizes, metas e estratégias de implementação locais das políticas públicas educacionais.

Sem termos a possibilidade de adentrarmos, no escopo desta obra, o enorme quantitativo de planos municipais de educação, iremos verificar o conjunto dos planos estaduais já disponíveis no site do MEC em finais de 2015,[75] para analisar o detalhamento, em cada estado, da temática de "combate a todas as formas de discriminação", no que se refere ao gênero e seus derivados de orientação sexual, identidade de gênero, sexualidade e diversidade sexual.

Por região, temos que no Sul, o estado de Santa Catarina ainda não havia disponibilizado o seu plano; o estado do Paraná não faz qualquer menção ao termo gênero no documento aprovado. O estado do Rio Grande do Sul faz uma única e breve menção ao termo gênero, ao destacar a elaboração de propostas que, entre outros temas transversais, incluam discussões sobre "gênero e sexualidade", a fim de superar discriminações e preconceitos.

No que se refere à região Sudeste, temos apenas disponível o PEE do Espírito Santo, que não faz qualquer referência ao termo "gênero" em seu texto final, já aprovado e publicado.

Quanto à região Centro-Oeste, temos o estado de Goiás, sem qualquer menção ao termo; o estado de Mato Grosso, fazendo

---
[75] http://goo.gl/y3cBjm

ao menos quatro menções ao termo e, inclusive, utilizando objetivamente as noções de enfrentamento a discriminação por sexismo e da homofobia/lesbofobia/transfobia na perspectiva dos direitos humanos. O estado de Mato Grosso do Sul destaca-se em pelo menos sete momentos, o combate à prevenção e o combate à violência nas escolas por motivação de gênero e orientação sexual, além da promoção da formação inicial e continuada de profissionais da educação para as temáticas em interface com gênero, sexualidade e diversidade. E, finalmente, no Distrito Federal, temos o uso do termo "gênero" em quatro momentos do texto aprovado.

Na região Norte, por sua vez, há estados que não fazem qualquer menção aos temas da igualdade de gênero em seus planos, tais como Tocantins, Roraima e Acre.[76] Noutros, há menções bastante tímidas sobre gênero e sexualidade, em especial na perspectiva de formação de profissionais da educação e garantia de acesso à educação básica, tais como nos PEEs dos estados do Amapá e do Amazonas. Há estados que mantêm uma redação mais propositiva e ousada, em concordância com os documentos dos CONAEs 2010 e 2014. Este é o caso, por exemplo, dos estados do Pará e de Rondônia, que, entre outros itens, buscam assegurar dotação orçamentária para a publicação de material pedagógico relativo a diversidade de gênero, identidade de gênero e orientação sexual, formação continuada e participação de profissionais da educação em fóruns que contemplem esta mesma temática de diversidades de gênero. Destaca-se o PEE de Rondônia, que pretende:

> Institucionalizar todas as políticas públicas da diversidade (garantia de direitos aos/as negros/as, indígenas, ribeirinhos, comunidades remanescentes de quilombos, atingidos por barragens e fenômenos naturais, mulheres, pessoas do segmento LGBTTT e outros), direitos ambientais e arte e cultura na escola nos projetos político-pedagógicos das

---

[76] No PEE 2015-2025 do estado do Acre, o termo "gênero" aparece apenas uma única vez, no sentido de "sexo" e para afirmar que não há disparidade de acesso à escola por indicadores de gênero.

escolas estaduais, no que couber, e acordo com o diagnóstico da comunidade.[77]

Finalmente, na região Nordeste, entre os poucos estados que, até fins do ano 2015, haviam disponibilizado os documentos finais de seus PEEs, temos Pernambuco e Sergipe, que não fazem qualquer menção ao termo "gênero" e seus derivados. O estado da Paraíba faz uma menção bastante tímida à ideia de diversidade de gênero na educação de jovens e adultos, com ênfase na eliminação de toda forma de "intolerância". Grande destaque para o documento audacioso do PEE do estado do Maranhão, onde se leem os seguintes objetivos para as políticas educacionais:

> Implantar na Secretaria de Estado da Educação e em todas as Unidades Regionais de Educação – UREs, um setor ou equipe técnica especializada e multidisciplinar, da diversidade com o objetivo de realizar, acompanhar, avaliar e monitorar as atividades referentes à educação em direitos humanos, à educação para as relações étnico- raciais, para as *relações de gênero, identidade de gênero e diversidade sexual*, educação ambiental, educação fiscal, cultura na escola, fortalecendo parcerias entre organismos públicos, não governamentais e com os *movimentos sociais* (direitos humanos, ecológicos, justiça fiscal, negros, *de mulheres, feministas, LGBTTT) objetivando alcançar uma educação não discriminatória, não sexista, não machista, não racista, não homofóbica, não lesbofóbica, não transfóbica*;
>
> [...]
>
> Institucionalizar todas as políticas públicas da diversidade (garantia de direitos aos/as negros/as, indígenas, *mulheres, pessoas do segmento LGBTTT* e outros), direito ambientais, justiça fiscal e arte e cultura na escola nos Projetos Político-pedagógicos das escolas estaduais.[78] (Itálicos e negritos nossos)

---

[77] http://goo.gl/y3cBjm
[78] http://goo.gl/y3cBjm

Concluindo: A ameaça à laicidade do Estado e o combate à "ideologia de gênero"

Com este livro, procuramos fazer uma revisão do conceito de gênero, tal como desenvolvido principalmente a partir de reflexões elaboradas nos contextos europeu e estadunidense. A partir disso, buscamos entender como o conceito de gênero foi sendo expandido e, ao mesmo tempo, como ele foi sendo recebido no Brasil. Inicialmente, nos meios universitários, por meio do feminismo acadêmico e, posteriormente, por sua interlocução com os movimentos sociais, donde o homossexual, especialmente o de expressão masculina, ter tido grande relevância num momento histórico de eclosão de pesquisas relacionadas à infecção pelo HIV, a partir de meados da década de 1980.

Em seguida, passamos a discutir a recepção do conceito de gênero nas políticas públicas brasileiras desde as duas últimas décadas do século XX, chegando ao fatídico ano 2015, quando as críticas ao que passou a ser chamado de "ideologia de gênero", elaborado por setores religiosos que se fizeram representar por meio de poderosas frentes parlamentares, atingiram um ápice de hostilidade. De certa forma, isso levou ao banimento total ou quase total do termo "gênero" das políticas públicas educacionais. Leia-se aí, do Plano Nacional de Educação e dos planos de educação dos estados, do Distrito Federal e dos municípios.

Buscamos, assim, entender a evolução do conceito de gênero nas políticas públicas educacionais brasileiras contemporâneas, para tentar responder à seguinte questão: *afinal, após uma década de políticas de formação continuada de professores para as temáticas de gênero, estamos mais próximos de uma escola promotora da igualdade de gênero no Brasil?*

Nesse sentido, nós nos inspiramos na metáfora de guerra já usada por Susan Sontag para descrever o campo da saúde pública estadunidense. E, assim, imaginamos e tentamos descrever a formação de um campo de batalha entre dois "exércitos", sendo chamado de "promotores" da igualdade de gênero e o outro, de "combatentes" da ideologia de gênero.

Assim, procuramos mostrar como as iniciativas de um grupo foram sendo suplantadas pelas ofensivas do outro. Ou seja, a constatação de um gradual enfraquecimento das políticas públicas educacionais para a promoção da igualdade de gênero no Brasil atual.

Mesmo assim, os "promotores", entre os anos 2005 e 2015, multiplicaram os debates em prol da redução das desigualdades pela inclusão da temática de gênero na escola e nas políticas educacionais. Como atores de reconhecido destaque, temos as universidades públicas, com a criação de disciplinas específicas, o desenvolvimento de programas de estudos pós-graduados, de grupos de pesquisas e de publicações em forma de livros, artigos, monografias, dissertações e teses. Também, os movimentos sociais, participando da formulação de políticas públicas e impulsionando a sustentação dessas por meio de financiamentos específicos. E, ainda, segmentos governamentais vocacionados para a formulação e implementação de tais políticas, dos quais, para fins das políticas educacionais federais, destacamos o MEC e a fundamental participação da SECAD/SECADI, ao longo de todo esse período.

No entanto, a ampliação e a complexificação dos debates em torno do conceito de gênero numa perspectiva de empoderamento feminino e, ainda, no enfrentamento à discriminação por orientação sexual (combate à homo-lesbo-transfobia, no diálogo do conceito de gênero com o estigmatizado campo dos movimentos LGBTTT), suscitou fortes reações de setores conservadores e ultraconservadores, de caráter religioso, da sociedade.

A recepção do termo gênero, com suas derivações pós-estruturalistas que ampliam o conceito para o universo das "múltiplas identidades", levou a um forte acirramento das tensões políticas e à instituição de um verdadeiro campo de batalhas, inclusive entre os poderes executivo e legislativo do Estado que, grosso modo, acabou por acarretar na supressão, total ou parcial, das políticas educacionais voltadas para a construção de uma escola da igualdade de gênero no Brasil para o decênio 2015-2025.

Sem financiamentos específicos para novas políticas públicas e sem o respaldo legislativo de sua previsão nos planos de educação, a construção de escolas promotoras da igualdade de gênero talvez se arrisque a restringir novamente aos espaços do debate acadêmico universitário, por vezes pouco afeitos ao cotidiano escolar.

Visto por outro ângulo e de maneira ainda mais grave, a escola pública, instituição representativa que é do Estado laico e democrático, corre o risco de ser diminuída frente ao combate ao pseudoconceito de "ideologia de gênero", forjado na virada do século XXI pelo Papa João Paulo II e que subalterniza a mulher à natureza de seu papel de mãe zelosa e de esposa que deve priorizar o lar em detrimento de atividades externas. Ao mesmo tempo, condena qualquer tipo de debate acerca das novas constelações familiares, inclusive as uniões estáveis homoafetivas, tidas como desengatilhadoras do processo de desestruturação da família.[79]

---

[79] Não é por outro motivo que no dia 19 de junho de 2015, pouco antes da votação do plano estadual e dos planos municipais de educação no estado do Espírito Santo, o Arcebispo de Vitória – ES, Dom Luiz Mancilha Vilela lança uma carta contra a "ideologia de gênero", destinada aos fiéis (vide íntegra da Carta noAnexo 3). Fazendo críticas mordazes à "ideologia de gênero", o arcebispo conclamando os fiéis a acompanhar criticamente a votação dos planos nacional, estadual e municipal de educação, para evitar o "veneno ideológico" que estaria sendo implantado no Brasil. A "ideologia de gênero", entendida, portanto, como a proposta de uma indefinição sexual da criança, é apresentada pelo Arcebispo como uma grave ameaça aos valores e princípios das famílias cristãs, da educação escolar de base católica e mesmo à conveniência harmônica entre os chamados "cidadãos de bem".

Numa visão primária da divisão biológica entre macho e fêmea, a "ideologia de gênero" serve como arcabouço fático para reiterar o compromisso da educação de se vincular a expectativas sociais relacionadas ao devir-homem ou devir-mulher tais como as preconizadas por setores religiosos e conservadores. Serve, ainda, para criticar energicamente os "desvios" em relação a tais condutas, em especial, naquilo que se refere à orientação sexual.

Mas, afinal, o que sempre esteve em jogo, entre "promotores" e "combatentes", não seria a visão laica do Estado?

ANEXO 1
Diretrizes do CONAE 2010, sobre as temáticas de *gênero e diversidade sexual* e que incidem sobre a criação do PNE 2014

Quanto ao gênero e à diversidade sexual:

a) Introduzir e garantir a discussão de gênero e diversidade sexual na política de valorização e formação inicial e continuada dos/das profissionais da educação nas esferas federal, estadual, distrital e municipal, visando ao combate do preconceito e da discriminação de pessoas lésbicas, gays, bissexuais, travestis, transexuais, mulheres, ao estudo de gênero, diversidade sexual e orientação sexual, no currículo do ensino superior, levando-se em conta o Plano Nacional de Políticas Públicas para a Cidadania LGBT e o Programa Brasil sem Homofobia.

b) Inserir e implementar na política de valorização e formação dos/das profissionais da educação, a partir da reorganização da proposta curricular nacional, a discussão de gênero e diversidade sexual, na perspectiva dos direitos humanos, quebrando os paradigmas hoje instituídos e adotando para o currículo de todos os cursos de formação de professores/as um discurso de superação da dominação do masculino sobre o feminino, para que se afirme a constituição de uma educação não sexista.

c) Inserir imediatamente nos princípios e critérios para a avaliação de livros, no Programa Nacional do Livro Didático (PNLD), no Programa Nacional do Livro Didático para o Ensino Médio (PNLEM), no Programa Nacional Biblioteca da Escola (PNBE) e nos currículos, de maneira explícita, critérios eliminatórios para obras que veiculem preconceitos referentes à condição social, regional, étnico-racial, de gênero, identidade de gênero, orientação sexual, linguagem ou qualquer outra forma de discriminação ou de violação de direitos humanos.

d) Aprimorar e aperfeiçoar a avaliação do livro didático, de acordo com a faixa etária do/a estudante e sem resquícios de discriminação, sobretudo em relação àquelas temáticas referentes às famílias compostas por pessoas lésbicas, gays, bissexuais, travestis e transexuais, enfatizando os recortes de raça/etnia, orientação sexual, identidade de gênero, condição socioeconômica e os novos modelos de famílias homoafetivas, contemplando, ainda, aspectos relacionados às diversas formas de violência sexual contra crianças e adolescentes.

e) Desenvolver, garantir e ampliar a oferta de programas de formação inicial e continuada, *extensão, especialização, mestrado e doutorado,* em sexualidade, diversidade, relações de gênero, Lei Maria da Penha nº 11.340/03, em instituições de ensino superior públicas, visando superar preconceitos, discriminação, violência sexista e homofóbica no ambiente escolar.

f) Assegurar que as instituições escolares sejam um espaço pedagógico livre e seguro para todos/as, que garantam a inclusão, a qualidade de vida, a liberdade de expressão e a promoção dos direitos humanos, a fim de que se possa atuar nas diferentes entidades educacionais, promovendo a articulação entre grupos, em redes de trabalho, com previsão em orçamento anual, contribuindo para ampliar e democratizar o acesso à educação superior, especialmente de mulheres negras e indígenas.

g) Inserir os estudos de gênero, identidade de gênero, orientação sexual, diversidade sexual educação sexual, como disciplina obrigatória, no currículo da formação inicial e continuada, nas atividades de ensino, pesquisa e extensão, nas licenciaturas e bacharelado, na pós-graduação, no ensino fundamental e médio, em todas as áreas do conhecimento, de forma interdisciplinar, transdisciplinar e transversal, articulando-os à promoção dos direitos humanos – meta do Plano Nacional de Educação em Direitos Humanos.

h) Ampliar os editais voltados para a pesquisa de gênero, incluindo neles a discussão da diversidade e orientação sexual, e dotando-os de mais financiamento. Estimular, no contexto das ações didático-metodológicas das instituições escolares, o uso dos instrumentos de direito que tenham como foco a questão de gênero e diversidade sexual.

i) Propor e garantir medidas que assegurem às pessoas travestis e transexuais o direito de terem os seus nomes sociais acrescidos aos documentos oficiais (diário de classe) das instituições de ensino.

j) Desenvolver material didático e ampliar programas de formação inicial e continuada para a promoção da saúde e dos direitos sexuais e reprodutivos de jovens e adolescentes, prevenção de doenças de transmissão sexual HIV/Aids, assim como alcoolismo e drogas, incluindo-os também nos currículos de educação formal/regular e especial, e considerando suas interfaces com a diversidade sexual, as questões de gênero, raça/etnia e geração.

k) Estimular e ampliar a produção nacional de materiais (filmes, vídeos e publicações) sobre educação sexual, diversidade sexual e assuntos relacionados a gênero, em parceria com os movimentos sociais e IES, no intuito de garantir a superação do preconceito que leva à homofobia e ao sexismo.

l) Incluir, nos programas de ampliação de acervo e implementação das bibliotecas escolares, obras científicas, literárias, filmes e outros materiais que contribuam para a promoção do respeito e do reconhecimento à diversidade de orientação sexual e de identidade de gênero.

m) Elaborar, implantar e implementar políticas e programas de formação continuada, de pós-graduação, acerca de gênero, diversidade sexual e orientação sexual para todos/as os/as profissionais da área da saúde, educação, serviço social, esporte e lazer.

n) Construir uma proposta pedagógica sobre gênero e diversidade sexual para nortear o trabalho na rede escolar de ensino, eliminando quaisquer conteúdos sexistas e discriminatórios e com a participação de entidades educacionais e afins.

o) Inserir na proposta pedagógica a abordagem da interface da violência doméstica contra as mulheres e a violência contra crianças, jovens e adolescentes, assegurando, junto às unidades de ensino fundamental e médio, o monitoramento e o acompanhamento da proposta pedagógica e garantindo o encaminhamento dos casos notificados/denunciados para a rede de proteção.

p) Estimular, junto à Coordenação de Aperfeiçoamento de Pessoal de Nível Superior (Capes) e Conselho Nacional de Desenvolvimento Científico e Tecnológico (CNPq), a criação de linha de pesquisa voltada para as temáticas de gênero e diversidade sexual nos cursos de pós-graduação do Brasil.

q) Garantir que o MEC assegure, por meio de criação de rubrica financeira, os recursos necessários para a implementação do Projeto Escola sem Homofobia em toda a rede de ensino e das políticas públicas de educação, presentes no Plano Nacional de Promoção da Cidadania e Direitos Humanos de LGBT, lançado em maio de 2009.

r) Desenvolver programas voltados para ampliar o acesso e a permanência na educação de grupos específicos, como mulheres não alfabetizadas, ou com baixa escolaridade, profissionais do sexo, pessoas em situação de prisão e pessoas travestis e transexuais.

s) Criar grupos de trabalhos permanentes nos órgãos gestores da educação dos diversos sistemas, para discutir, propor e avaliar políticas educacionais para a diversidade sexual e relações de gênero, compostos por representantes do poder público e da sociedade civil.

t) Promover a formação das mulheres jovens e adultas para o trabalho, inclusive nas áreas científicas e tecnológicas, visando reduzir a desigualdade de gênero nas carreiras e profissões.

u) Promover a inclusão, na formação dos/as profissionais da educação, de temas de direitos humanos, de valorização do/a trabalhador/a e de estratégias de enfrentamento do trabalho análogo à escravidão e a outras formas degradantes de trabalho.

v) Incluir na proposta da escola a educação em direitos humanos, os direitos das mulheres e o desafio da superação da violência contra mulheres – Pacto Nacional do Enfrentamento da Violência contra as Mulheres –, articulando-os com as propostas do II Plano Nacional de Políticas para as Mulheres (PNPM, capítulo 2), que enfatiza a necessidade de educação inclusiva, não sexista, não racista, não homofóbica e com linguagem inclusiva.

w) Estabelecer que todo documento do CONAE reconheça o feminino na linguagem e supere a linguagem sexista, conforme previsto em documentos internacionais dos quais o Brasil é signatário, entre eles, o resultante da Conferência de Beijing.

x) Demandar que os sistemas educacionais, em todas as modalidades e níveis, atuem preventivamente para evitar a evasão motivada por homofobia, isto é, por preconceito e discriminação à orientação sexual e identidade de gênero, criando rede de proteção contra formas associadas de exclusão (racismo, sexismo, deficiência), além da econômica.

y) Incluir nos levantamentos de dados e censos escolares informações sobre evasão escolar causada por homofobia, racismo, sexismo e outras formas de discriminação individual e social.

ANEXO 2
As 20 metas do PNE 2014-2024

Meta 1

Universalizar, até 2016, a educação infantil na pré-escola para as crianças de quatro a cinco anos de idade e ampliar a oferta de educação infantil em creches de forma a atender, no mínimo, 50% das crianças de até três anos até o final da vigência deste PNE.

Meta 2

Universalizar o ensino fundamental de nove anos para toda a população de seis a 14 anos e garantir que pelo menos 95% dos alunos concluam essa etapa na idade recomendada, até o último ano de vigência deste PNE.

Meta 3

Universalizar, até 2016, o atendimento escolar para toda a população de 15 a 17 anos e elevar, até o final do período de vigência deste PNE, a taxa líquida de matrículas no ensino médio para 85%.

Meta 4

Universalizar, para a população de quatro a 17 anos, o atendimento escolar aos estudantes com deficiência, transtornos globais do desenvolvimento e altas habilidades ou superdotação na rede regular de ensino.

Meta 5

Alfabetizar todas as crianças, no máximo, até os oito anos de idade, durante os primeiros cinco anos de vigência do plano; no máximo, até os sete anos de idade, do sexto ao nono ano de vigência do plano; e até o final dos seis anos de idade, a partir do décimo ano de vigência do plano.

Meta 6

Oferecer educação em tempo integral em, no mínimo, 50% das escolas públicas, de forma a atender, pelo menos, 25% dos alunos da educação básica.

Meta 7

Fomentar a qualidade da educação básica em todas as etapas e modalidades, com melhoria do fluxo escolar e da aprendizagem de modo a atingir as seguintes médias nacionais para o IDEB:

Ideb	2015	2017	2019	2021
Anos iniciais do ensino fundamental	5,2	5,5	5,7	6
Anos finais do ensino fundamental	4,7	5	5,2	5,5
Ensino médio	4,3	4,7	5	5,2

Meta 8

Elevar a escolaridade média da população de 18 a 29 anos, de modo a alcançar no mínimo 12 anos de estudo no último ano de vigência deste Plano, para as populações do campo, da região de menor escolaridade no País e dos 25% mais pobres, e igualar a escolaridade média entre negros e não negros declarados à Fundação Instituto Brasileiro de Geografia e Estatística (IBGE).

Meta 9

Elevar a taxa de alfabetização da população com 15 anos ou mais para 93,5% até 2015 e, até o final da vigência deste PNE, erradicar o analfabetismo absoluto e reduzir em 50% a taxa de analfabetismo funcional.

Meta 10

Oferecer, no mínimo, 25% das matrículas de educação de jovens e adultos, na forma integrada à educação profissional, nos ensinos fundamental e médio.

Meta 11

Triplicar as matrículas da educação profissional técnica de nível médio, assegurando a qualidade da oferta e pelo menos 50% de gratuidade na expansão de vagas.

Meta 12

Elevar a taxa bruta de matrícula na educação superior para 50% e a taxa líquida para 33% da população de 18 a 24 anos, assegurando a qualidade da oferta.

Meta 13

Elevar a qualidade da educação superior e ampliar a proporção de mestres e doutores do corpo docente em efetivo exercício no conjunto do sistema de educação superior para 75%, sendo, do total, no mínimo, 35% de doutores.

Meta 14

Elevar gradualmente o número de matrículas na pós-graduação *stricto sensu*, de modo a atingir a titulação anual de 60 mil mestres e 25 mil doutores.

Meta 15

Garantir, em regime de colaboração entre a União, os estados, o Distrito Federal e os municípios, no prazo de um ano de vigência deste PNE, política nacional de formação dos profissionais da educação de que tratam os incisos I, II e III do Art. 61 da Lei nº 9.394/1996, assegurando-lhes a devida formação inicial, nos termos da legislação, e formação continuada em nível superior de graduação e pós-graduação, gratuita e na respectiva área de atuação.

Meta 16

Formar, até o último ano de vigência deste PNE, 50% dos professores que atuam na educação básica em curso de pós-graduação *stricto* ou *lato sensu* em sua área de atuação, e garantir que os profissionais da educação básica tenham acesso à formação continuada, considerando as necessidades e contextos dos vários sistemas de ensino.

Meta 17

Valorizar os profissionais do magistério das redes públicas de educação básica de forma a equiparar seu rendimento médio ao dos demais profissionais com escolaridade equivalente, até o final do sexto ano de vigência deste PNE.

Meta 18

Assegurar, no prazo de dois anos, a existência de planos de carreira para os profissionais da educação básica e superior pública de todos os sistemas de ensino e, para o plano de carreira dos profissionais da educação básica pública, tomar como referência o piso salarial nacional profissional, definido em lei federal, nos termos do inciso VIII do Art. 206 da Constituição Federal.

Meta 19

Garantir, em leis específicas aprovadas no âmbito da União, dos estados, do Distrito Federal e dos municípios, a efetivação da gestão democrática na educação básica e superior pública, informada pela prevalência de decisões colegiadas nos órgãos dos sistemas de ensino e nas instituições de educação, e forma de acesso às funções de direção que conjuguem mérito e desempenho à participação das comunidades escolar e acadêmica, observada a autonomia federativa e das universidades.

Meta 20

Ampliar o investimento público em educação de forma a atingir, no mínimo, o patamar de 7% do Produto Interno Bruto (PIB) do País no quinto ano de vigência desta Lei e, no mínimo, o equivalente a 10% do PIB no final do decênio.

ANEXO 3
Declaração de Dom Luiz Mancilha Vilela sobre a Ideologia de Gênero

Sinto-me no dever de alertar as famílias católicas, Educadores Católicos e Autoridades que professam a fé cristã católica para um grande e perigoso problema que vem tomando um lugar em nossa sociedade e que é de responsabilidade da família, do Educador e das Autoridades constituídas a serviço do Bem Comum.

Não se trata de um problema originado em nossa terra, mas vem de países desenvolvidos, que se infiltrou na ONU, e que já prejudicam nossos irmãos que professam a mesma fé.

Trata-se da "Ideologia de Gênero". Que é isso? O que se entende por "Ideologia de Gênero"? Como muitas famílias não sabem bem o que é, não conseguem avaliar e se defender diante do perigo que este "veneno ideológico" pode causar no meio familiar, escolar e na boa convivência entre os cidadãos de bem.

"Ideologia de Gênero" refere-se à "orientação sexual" que governos ateus e materialistas querem impor, através de lei, nos Planos Nacional, Estadual e Municipal de Educação, de uma maneira totalitária e perversa, que as Escolas sejam obrigadas, por lei, a impedir que as crianças aprendam que os seres humanos se dividem em dois gêneros: masculino e feminino. Querem impedir que a criança vá percebendo desde os mais tenros anos a diferença física natural que existe e assim é educada pelos pais com carinho como menina ou menino.

Esta "ideologia de gênero" proíbe os professores e educadores a tratarem as crianças das Creches e Escola infantis como menina ou menino, João ou Maria. São apenas crianças. Elas virão a saber de seu sexo quando estiverem mais amadurecidas. Absurdo!

Esta ideologia desconstrói o que é nato e procura construir uma outra cultura assexuada na mente da pessoa, desmentindo o que a criança vê em si mesma e no outro.

Ora, o ser humano é homem ou mulher! Negar essa realidade é uma mentira, uma inadequação entre a realidade que está à frente da pessoa e a sua mente que vê, percebe e sente!

Essa mentalidade totalitária se vier a tornar-se lei terá consequências gravíssimas, a saber:

01. Os pais que não concordarem com essa lei poderão ser criminalizados. É uma agressão à família! Esta Ideologia de Gênero destrói a família! Como a mãezinha poderá vestir sua filhinha com vestes lindas femininas ou na cor rosa se é proibido ressaltar a identidade sexual dela? Como a mãezinha poderá vestir o filhinho homem com vestes que o identifiquem como um homenzinho?

02. Os educadores cristãos estarão impedidos e poderão ser criminalizados ao expressarem suas convicções cristãs em salas de aula nas escolas.

03. Esta Ideologia não é nova; tem suas raízes em sistemas filosóficos sociais de séculos passados. Sorrateiramente querem impor ao nosso país, através de leis de cunho totalitário, a destruição de um verdadeiro espírito democrático e cristão.

Portanto, recomendo aos presbíteros, diáconos, educadores católicos, aos políticos católicos e demais pessoas que prezam a liberdade social, intelectual e religiosa que estejam atentos!

Cada um no exercício de suas responsabilidades na construção da sociedade deve responder perante Deus que nos criou à sua Imagem e Semelhança para impedir que leis de cunho totalitário envenenem a nossa convivência de cidadãos que amam a paz e a ordem entre os povos e em nosso país.

Escolas Católicas, estejam atentas e sejam fiéis ao Evangelho! Pais cristãos católicos não se deixem levar por esta "Ideologia de Gênero"! Olhem o tipo de imposição ideológica que está acontecendo além-mar! Se formos omissos esta catástrofe poderá cair sobre nossas famílias cristãs em pouco tempo.

Deus abençoe a todos.

Dom Luiz Mancilha Vilela, sscc[80]

---

[80] http://goo.gl/J2vQSZ

ANEXO 4

Carta Pública sobre a importância da abordagem de Gênero e Sexualidades na Educação

O Grupo de Trabalho Gênero, Sexualidade e Educação (GT 23) da Associação Nacional de Pós-Graduação e Pesquisa em Educação (ANPEd), composto por pesquisadoras(es) nacionais e internacionais, ao longo de seus 12 (doze) anos de existência, consolidou-se como lugar de produção, socialização e divulgação de conhecimentos e ações educacionais sobre as relações de gênero e de sexualidades. O GT 23 é um espaço teórico-político para pensar e problematizar resultados de pesquisas científicas, desenvolvidas por grupos de pesquisas e núcleos de estudos com reconhecida trajetória acadêmica, situados em diversas partes do país, as quais abordam as relações de gênero, as sexualidades, e as violências associadas às múltiplas identidades de gênero e orientações sexuais. Os mais de 170 trabalhos apresentados e discutidos até o presente ano, neste espaço científico, têm possibilitado aprofundar aspectos teóricos e éticos que envolvem as temáticas em pauta e subsidiar a execução de programas educacionais para a superação das desigualdades sociais e diminuir a violência.

Com base nas pesquisas produzidas no Brasil e divulgadas na ANPEd, no GT, reiteramos a importância de que (1) tais temas sejam trabalhados na Educação Básica, em todos os níveis, desde a Educação Infantil até o Ensino Superior, e na formação docente; (2) sejam mantidos programas de formação docente continuada, financiados pelo Ministério da Educação; (3) seja fomentada a produção, divulgação e difusão de materiais educativos condizentes com essas temáticas; (4) pesquisas sobre as temáticas continuem a ser financiadas, visando a geração de informações necessárias para a superação das desigualdades.

Ressaltamos, ainda, nossa preocupação diante do debate político em torno das denominadas "ideologias de gênero", que não apresenta fundamentação em estudos científicos e que nega o direito à livre discussão das temáticas de relações de gênero e das sexualidades em instituições e nas políticas educacionais.

Com efeito, ressalta-se aquilo que diz respeito à supressão dos termos identidade de gênero e orientação sexual em vários documentos educacionais. Após amplas discussões realizadas nas diversas Conferências de Educação – envolvendo

anped Associação Nacional de Pós-Graduação e Pesquisa em Educação

docentes, estudantes, sindicatos, familiares e/ou responsáveis por estudantes, gestoras/es de políticas públicas da educação nos municípios e estados brasileiros e sociedade civil – os Poderes Legislativos das municipalidades e estados estão discutindo e votando as propostas encaminhadas pelas Conferências e/ou Equipes Técnicas das Secretarias de Educação, a fim de constituírem seus Planos de Educação.

As decisões instituídas, de forma democrática, nessas Conferências de Educação, de inserir nos currículos como temas as discussões sobre as diferentes formas como nos constituímos mulheres e homens, expressões das sexualidades e configurações familiares, precisam ser respeitadas pelos poderes legislativos dos estados e municípios brasileiros, e mantidas nos planos educacionais.

Defendemos o Estado Laico, os princípios democráticos que balizaram as Conferências de Educação e resultaram nas elaborações dos Planos de Educação, pois compreendemos que os modos como vêm sendo conduzidos, em inúmeros municípios e estados, os debates em torno das temáticas ligadas ao gênero e às sexualidades nos Planos de Educação ferem os princípios constitucionais de laicidade e de direitos humanos que devem reger a Educação Brasileira.

Concluímos reafirmando que abordar as temáticas de relações de gênero e orientação sexual, no campo educacional é fundamental para a efetivação de uma educação democrática e livre para todas as pessoas, ressaltando seus direitos a uma educação ampla e irrestrita, cuja principal função é ensinar o livre pensamento e a possibilidade de expressão a todas as crianças, jovens e pessoas adultas.

22 de junho de 2015.

GT 23 – Gênero, Sexualidade e Educação da ANPEd

Referências

AFONSO, Maria Lúcia de Miranda; ABADE, Flávia. *Jogos para pensar: Educação em Direitos Humanos e Formação para a Cidadania*. Belo Horizonte: Autêntica; Ouro Preto, MG: UFOP, 2013. Série Cadernos da Diversidade.

BEAUVOIR, Simone. *O segundo sexo: a experiência vivida*. Tradução de Sergio Millet. São Paulo: Difusão Europeia do Livro, 1967.

BENETTI, Fernando José. *A bicha louca está fervendo: uma reflexão sobre a emergência da Teoria Queer no Brasil (1980-2013)*. Florianópolis: UESC, 2013. (Mímeo).

BUTLER, Judith. *Problemas de gênero: feminismo e subversão da identidade*. Rio de Janeiro: Civilização Brasileira, 2003.

CASARA, Rubens. Apresentação. In: TIBURI, Márcia. *Como conversar com um fascista: reflexões sobre o cotidiano autoritário brasileiro*. Rio de Janeiro: Record, 2015. p. 11-15.

CAVALCANTE, Alcilene; BUGLIONE, Samantha. Pluralidade de vozes em democracias laicas: o desafio da alteridade. In: MAIA, Monica Bara (Org.). *Direito de Decidir: múltiplos olhares sobre o aborto*. Belo Horizonte: Autêntica, 2008. p. 105-140.

CLAUDE, Richard Pierre; ANDREOPOULUS, George. *Educação em direitos humanos para o século XXI*. São Paulo: Edusp, 2013.

CONNELL, Raewyn. *Gênero: uma perspectiva global*. São Paulo: Versos, 2015.

CORREA, Mariza. Do feminismo aos estudos de gênero no Brasil: um exemplo pessoal. *Cad. Pagu* [online]. 2001, n. 16

[citado 2015-08-23], p. 13-30. Disponível em: <http://www.scielo.br/pdf/cpa/n16/n16a02>. Acesso em: 23 fev. 2016.

DESLANDES, Keila (Org.). *Atos, pactos e impactos: Direitos Humanos e Gestão de Políticas Públicas.* Belo Horizonte: Fino Traço, 2015.

DESLANDES, Keila; FIALHO, Nira. *Diversidade no ambiente escolar: instrumentos para a criação de projetos de intervenção.* Belo Horizonte: Autêntica; Ouro Preto, MG: UFOP, 2010. Série Cadernos da Diversidade.

DESLANDES, Keila; LOURENÇO, Érika. *Por uma cultura dos Direitos Humanos na Escola: princípios, meios e fins.* Belo Horizonte: Fino Traço, 2011.

FACCHINI, Regina. *Sopa de letrinhas? Movimento homossexual e produção de identidades coletivas nos anos 90.* Rio de Janeiro: Garamond Seção Garamond Universitária, 2005. Sexualidade, gênero e sociedade, v. 6.

GOMES, Joaquim Barbosa. *Ação afirmativa e princípio constitucional de igualdade: o Direito como instrumento de transformação social.* Rio de Janeiro: Renovar, 2001.

HEILBORN, Maria Luiza; SORJ, Bila. Estudos de gênero no Brasil. In: MICELI, Sérgio (Org.). *O que ler na ciência social brasileira (1970-1995)*, ANPOCS/CAPES. São Paulo: Sumaré, 1999. p. 183-221.

JUNQUEIRA, R. *Diversidade sexual na Educação: problematizações sobre a homofobia nas escolas* (Org.). Brasília: MEC/Secad/Unesco, 2009.

LAQUEUR, Thomas. *Inventando o sexo: corpo e gênero dos gregos a Freud.* Rio de Janeiro: Relume Dumará, 2001.

LOURENÇO, Érika. *Conceitos e práticas para refletir sobre a educação inclusiva.* Belo Horizonte: Autêntica; Ouro Preto, MG: UFOP, 2010. Série Cadernos da Diversidade.

LOURO, Guacira Lopes. Gênero e sexualidade: pedagogias contemporâneas. *Pro-Posições*, Campinas, v. 19, n. 2, p. 17-23, ago. 2008. Disponível em <http://www.scielo.br/scielo.php?script=sci_arttext&pid=S0103-73072008000200003&lng=pt&nrm=iso>. Acesso em: 23 ago. 2015.

LOURO, Guacira Lopes. Gênero, sexualidade e educação: das afinidades políticas às tensões teórico-metodológicas. *Educ. rev.* [online]. 2007, n. 46 [citado 2015-08-23], p. 201-218. Disponível em: <http://www.scielo.br/scielo.php?script=sci_arttext&pid=S0102-46982007000200008&lng=pt&nrm=iso>. Acesso em: 23 fev. 2016.

LOURO, Guacira Lopes. Teoria queer: uma política pós-identitária para a educação. *Rev. Estud. Fem.* [online]. 2001, v. 9, n. 2 [citado 2015-08-23], p. 541-553. Disponível em: <http://www.scielo.br/scielo.php?script=sci_arttext&pid=S0104-026X2001000200012&lng=pt&nrm=iso>. Acesso em: 23 fev. 2016.

MIRANDA, Shirley Aparecida. Diversidade e Ações Afirmativas: combatendo desigualdades sociais. Belo Horizonte: Autêntica; Ouro Preto, MG: UFOP, 2010. Série Cadernos da Diversidade.

MISKOLCI, Richard. Estranhando as ciências sociais: notas introdutórias sobre teoria Queer. *Florestan. Dossiê Teoria Queer*, São Carlos, v. 1, n. 2, p. 8-25, nov. 2014. Disponível em: <http://www.revistaflorestan.ufscar.br/index.php/Florestan/article/view/62/pdf_23>. Acesso em: 23 fev. 2016.

MISKOLCI, Richard. Pânicos morais e controle social: reflexões sobre o casamento gay. *Cad. Pagu* [online], 2007, n. 28 [citado 2015-07-17], p. 101-128. Disponível em: <http://www.scielo.br/scielo.php?script=sci_arttext&pid=S0104-83332007000100006&lng=pt&nrm=iso>. Acesso em: 23 fev. 2016.

MISKOLCI, Richard. *Teoria Queer: um aprendizado pelas diferenças*. Belo Horizonte: Autêntica; Ouro Preto, MG: UFOP, 2011. Série Cadernos da Diversidade.

MISKOLCI, Richard; LEITE JR., Jorge. *Diferenças na Educação: outros aprendizados*. São Carlos: EdUFSCar, 2014.

PELUCIO, Larissa. Desfazendo o gênero. In: MISKOLCI, Richard; LEITE Jr., Jorge. *Diferenças na Educação: outros aprendizados*. São Carlos: EdUFSCar, 2014. p. 98-148.

RIOS, R. Homofobia na perspectiva dos direitos humanos e no contexto dos estudos sobre preconceito e discriminação. In: JUNQUEIRA, R. (Org.). *Diversidade sexual na Educação: problematizações sobre a homofobia nas escolas*. Brasília: MEC/Secad/Unesco, 2009. p. 53-83.

SCOTT, J. W. Gênero: uma categoria útil de análise histórica. *Educação & Realidade*, Porto Alegre, v. 20, n. 2, p. 71-99, jul./dez. 1995.

SENNETT, Richard. *A corrosão do caráter: as consequências pessoais do trabalho no novo capitalismo*. Rio de Janeiro: Record, 1999.

SONTAG, Susan. *AIDS e suas Metáforas*. São Paulo: Companhia das Letras, 2007.

SOUZA SANTOS, Boaventura. Poderá o direito ser emancipatório? *Revista Crítica de Ciências Sociais*, Coimbra, PT, v. 65, p. 3-77, 2003.

TIBURI, Márcia. *Como conversar com um fascista: reflexões sobre o cotidiano autoritário brasileiro*. Rio de Janeiro: Record, 2015.

VIANNA, Claudia Pereira *et al*. Gênero, sexualidade e educação formal no Brasil: uma análise preliminar da produção acadêmica entre 1990 e 2006. *Educ. Soc.*, Campinas, v. 32, n. 115, p. 525-545, jun. 2011. Disponível em: <http://www.scielo.br/scielo.php?script=sci_arttext&pid=S0101-73302011000200016&lng=pt&nrm=iso>. Acesso em: 2 set. 2015.

VIANNA, Cláudia Pereira. Gênero, sexualidade e políticas públicas de educação: um diálogo com a produção acadêmica.

Pro-Posições, Campinas, v. 23, n. 2, p. 127-143, ago. 2012 Disponível em: <http://www.scielo.br/scielo.php?script=sci_arttext&pid=S0103-73072012000200009&lng=pt&nrm=iso>. Acesso em: 29 ago. 2015.

VIANNA, Cláudia Pereira. O movimento LGBT e as políticas de educação de gênero e diversidade sexual: perdas, ganhos e desafios. *Educ. Pesqui.*, São Paulo, v. 41, n. 3, p. 791-806, set. 2015. Disponível em: <http://www.scielo.br/scielo.php?script=sci_arttext&pid=S1517-97022015000300791&lng=pt&nrm=iso>. Acesso em: 28 set. 2015.

VIANNA, Cláudia Pereira; UNBEHAUM, Sandra. Gênero na educação básica: quem se importa? Uma análise de documentos de políticas públicas no Brasil. *Educação e Sociedade*, Campinas, v. 28, n. 95, p. 407-428, maio/ago. 2006.

VIANNA, Cláudia Pereira; UNBEHAUM, Sandra. O gênero nas políticas públicas de educação no Brasil: 1988-2002. *Cad. Pesqui.*, São Paulo, v. 34, n. 121, p. 77-104, abr. 2004. Disponível em: <http://www.scielo.br/scielo.php?script=sci_arttext&pid=S0100-15742004000100005&lng=pt&nrm=iso>. Acesso em: 27 set. 2015.

VIANNA, Cláudia; PRIETO, Rosângela. Entre as propostas de inclusão e a persistência da desigualdade no campo da educação. *Educ. Pesqui.*, São Paulo , v. 41, n. 1, p. 7-16, mar. 2015. Disponível em: <http://www.scielo.br/scielo.php?script=sci_arttext&pid=S1517-97022015000100007&lng=pt&nrm=iso>. Acesso em: 2 out. 2015.

Este livro foi composto com tipografia Minion Pro
e impresso em papel Off-Set 75 g/m² na Formato Artes Gráficas.